税務争訟フォローアップ！

税理士・春香の事件簿

三木義一 監修
奥谷健 著

清文社

監修のことば

　日本税務研究センターの「税研」誌上で「税理士・春香の事件簿」の連載が始まったのが、1996年1月でした。その後、税理士・春香さんは、多くの読者に愛され、単行本（『税理士・春香の事件簿』『新 税理士・春香の事件簿』（両書とも清文社））になるだけでなく、『よくわかる税法入門』（有斐閣）をはじめとする大学でのテキストにも活躍の場を広げました。さらに、実務家向けには『税理士・春香の民法講座』（清文社）でも活躍しています。

　「税理士・春香の事件簿」は連載をやめてからも、再登場を多くの方から要望されておりましたが、このたび清文社からも新たに単行本を刊行することを依頼されました。判例解説を、税理士の目線で、わかりやすく解説したものがまだまだ少ないようです。しかし、もはや前期高齢者となった私が春香さんや山川君の若い感性で語ることはできないでしょう。そこで、若い人の感性を吹き込んでもらい、より生き生きとした春香と山川にするために、この二人のことをよく理解してくれている研究者の一人である奥谷健教授に執筆をお願いすることにしました。彼は税理士の家庭で育ち税法の研究者になったので、本書の舞台をより生き生きとしたものにしてくれるでしょう。

　もちろん、一番大事なことは判決内容を税理士業務に活かせるように、正確にわかりやすく解説することですが、彼はその点でも適任だと思います。世代交代をしながら、本書がより良いものになること、若い税理士さんたちが本書をきっかけに法的考え方の重要性に気づき、実務に活かしてくれることを願うとともに、春香たちがさらに活躍できるように読者の皆様の応援をお願いしたいと思います。

2015年6月

青山学院大学法学部教授
三木　義一

はしがき

　本書は三木義一『税理士・春香の事件簿』(2001年、清文社)、同『新 税理士・春香の事件簿―変わる税金裁判』(2005年、清文社)を引き継ぐものである。前2作は、「わかりやすく、かつ、楽しく」税務判例を解説し、春香のキャラクターとともに多くの支持を得てきた。そして、春香は、三木義一編著『よくわかる税法入門』、同『よくわかる法人税法入門』、三木義一・前田謙二著『よくわかる国際税務入門』(いずれも有斐閣)のシリーズや三木義一監修・鹿田良美・出川洋・丸田隆英著『税理士・春香の民法講座』(2014年、清文社)とその活躍の場を広げてきた。

　しかし、春香のデビューを飾った本シリーズは、前作から約10年の間に『税研』(公益財団法人日本税務研究センター)での連載も終わり、続編が出ないままとなっていた。そこで、本書をまとめることになった。

　本書の発刊に際しては、これまで執筆されてきた三木義一先生(青山学院大学教授)に監修いただき、私(奥谷)が執筆させていただくことになった。これまで好評だったシリーズを引き継ぐにあたり、その責任の重さを感じている。春香のイメージを損なわずに、これまでの「わかりやすく、かつ、楽しい」というコンセプトを引き継ぐことができていれば幸いである。

　今回も、この約10年間の重要と思われる裁判例を中心とする注目事例を取り上げ、従来からの登場人物のその後の姿を想定しつつ(山川は税理士試験に合格している)、3人の会話による解説というスタイルを踏襲した。また、女性税理士によるコラム「私の事件簿」も引き続き掲載することにした。実際の税理士の体験談を語っていただくことで、事件を未然に防ぐために日常の実務において大変な努力がなされていることを感じていただきたい。さらに、本書でも各話に「補論」として関連する論点等を盛り込むことにした。これを通して各テーマについて多面的にとらえていただきたいと考えている。

　本シリーズのテーマである税金裁判をめぐっては、昨今、税理士の補佐人としての活躍や、行政事件訴訟法や国税通則法の改正といった税務争訟

のあり方に関わる動きがあった。そのような動きを受けて、より税金裁判を身近に感じていただけるようになっているのではないかと思われる。本書を通して、より税金裁判について関心を持っていただければ幸いである。

　また、2014年に改正された行政不服審査法とその影響に関しては、その要旨をエピローグとしてまとめた。こちらについても参考にしていただきたい。

　本書で取り上げた事例については、三木義一先生、伊川正樹先生（名城大学教授）、末崎衛先生（沖縄国際大学教授）、鳥飼貴司先生（鹿児島大学教授）、望月爾先生（立命館大学教授）、安井栄二先生（立命館大学准教授）と筆者が共同で『月刊税務QA』（税務研究会）誌上で連載している「税金裁判の動向」でも扱ったものが多い。当該連載は、執筆陣での議論をふまえた内容であり、本書の執筆に際しても、当該連載の記事及びその執筆過程での議論が大きな影響を受けていることをお断りしておきたい。

　本書をまとめるに際して、「私の事件簿」について全国女性税理士連盟にご協力をいただいた。また、本書の校正その他の作業について清文社の折原容子さんをはじめとする編集部の皆様にご助力いただいた。また校正については、広島修道大学大学院で学び、未来の「春香」を目指す、森川梨絵さん、清水梨紗子さんの協力をいただいた。これらの方々に心から御礼申し上げたい。

2015年6月

広島修道大学法学部教授
奥谷　健

税理士・春香の事件簿
CONTENTS

監修のことば

はしがき

第1話
小さな疑問から始まった訴訟 ……… 001
―長崎年金二重課税事件―

第2話
懇親会費は必要経費？ ……… 015

第3話
保険料は誰が払ったの？ ……… 028

第4話
優待入場券で接待 ……… 046
―オリエンタルランド事件―

第5話
法人税法はイジが悪い？ ……… 060

第6話
破産しても税は払う？ ……… 074
―破産財団の消費税納税義務―

第7話
無料法律相談の対価？ ……… 087
―消費税における「対価」性―

第8話
勝ち取ったのは誰の財産？ ……… 100
―上野事件―

第9話
争族の果てに ……… 115
―遺産分割に係る弁護士費用の取得費該当性―

第10話
取れなくても源泉徴収？ ……… 130
―強制執行と源泉徴収―

第11話
理由を説明してください ……… 141
―更正の理由附記の違法性―

第12話
違法でなくても取消し？ ……… 154
―不当性による取消裁決―

第13話
継続的取引は突発的事故？ ……… 167
―損害賠償金の非課税所得該当性―

第14話
破産したゴルフ場の会員権の行方 ……… 177

第15話
継続的ギャンブル？ ……… 189
―ネット競馬払戻金課税事件―

第16話
長崎年金二重課税の影響 206
―土地の増加益への二重課税？―

エピローグ
行政不服審査制度の改正 216

私の事件簿

あなたの裁判の判決文貸してください！	... 兵庫ブロック 市原幸惠	... 012
農業相続人の苦悩 2事案	... 北海道ブロック 薄井タカ子	... 025
名義預金の金額は？	... 大阪ブロック 大串恵子	... 044
重加算税か否か	... 中国・四国ブロック 垣内晴子	... 057
社員と外注の違いは？	... 関東信越ブロック 岸生子	... 072
買換特例も相続される	... 大阪ブロック 北野幸子	... 085
はじめての税務調査	... 北陸ブロック 小林花代	... 097
不服申立とインフォームド・コンセント	... 神奈川ブロック 小林磨寿美	... 112
デリバティブ取引について	... 中京ブロック 柴田昌子	... 127
妻のへそくりは誰のもの？	... 東京ブロック 福田真弓	... 138
国税通則法改正後の初めての調査	... 京滋ブロック 前岡照紀	... 152
忘れさられがちな「届出書」	... 東北ブロック 三上広美	... 165
成年後見制度と高齢化社会	... 東北ブロック 三谷美重子	... 175
初めての税務調査	... 中国・四国ブロック 横山佳苗	... 186
突然広域調査が入った〜！	... 東京ブロック 渡部仁子	... 203

登場人物

春香(はるか)
税理士。好奇心旺盛で張り切っている。

山川(やまかわ)
春香の同僚税理士。長年税理士試験を受験して、ようやく合格。

所長
ベテラン税理士。若手税理士の指導に熱心。

第 1 話

小さな疑問から始まった訴訟
―長崎年金二重課税事件―

　地裁で納税者の全面勝訴、高裁では一転、全面敗訴。そして、最高裁では…。
　小さな疑問から、大きな影響をもたらす判決へとつながりました。それまでの通達、実務を覆すこととなった事例を紹介しましょう。

1　きっかけは小さな疑問から

山川　いや～、すごい判決が出ましたね。

春香　例の年金二重課税事件ですね。ついに最高裁判決[1]が出ましたね。

所長　この事例も、以前にお話を伺った長崎の江崎税理士達の活躍によるものだね[2]。

春香　そうですね。本当にすごい先生です。

山川　どうして、こんなことに気づくんでしょうね。僕もそうなりたいな～。

所長　この訴訟に至った経緯は、相続税の申告書を作成する過程での、ふとした疑問だったようだよ。

春香　どんな疑問だったのですか？

所長　年金払い方式の保険金の支払通知証明書の「源泉徴収税額」という記載に気づいたことからのようだね[3]。

春香　相続税の申告書を作るときに、相続税の課税財産なのに、所得税が

1　最高裁平成22年7月6日判決（裁判所ウェブサイト、民集64巻5号1277頁）。評釈：三木義一・税経通信65巻10号17頁（2010年）等。
2　三木義一『新 税理士・春香の事件簿』（清文社、2005年）第1話（1頁）。
3　江崎鶴男『長崎年金二重課税事件―間違ごぅとっとは正さんといかんたい！』（清文社、2010年）。

山川　課税されていたというところですね。

山川　そうか。相続税が課された財産は所得税法上非課税財産になりますね（所法9条1項16号）。

春香　それで「非課税になるはずのものに、所得税が課されているのはなぜだろう？」、という疑問に至ったわけですか。

所長　そういうことだね。

山川　でも、これってあまり大きな税額ではないですよね？

春香　あら、税額の大きさの問題ではないでしょう？　不当な課税は認めてはだめですよ。税理士なんですから！

山川　いや、別に課税を認めてもいい、なんていいたいわけじゃ…。所長、助けてくださいよ。

所長　おっと、春香さんがヒートアップしてきたようだね。

春香　所長まで…、私はあたり前のことをいっているだけです！

所長　まあまあ…。たしかに税額の大きさは問題ない。ただ、税額が小さいと、裁判までして争うか、というところで大きな壁があるのも事実だろうね。そうした従来からの問題もあって、江崎税理士は納税者を支援されていたのではないかと思うよ。

2　長崎地裁判決

山川　そうですね。春香さん、すみませんでした。でも、この事件、たしか地裁では納税者が全面勝訴していませんでしたか？

春香　そうでしたね。第一審を確認してみましょう。

山川　えっと、長崎地裁判決[4]では、「相続税法3条1項によって相続財産とみなされて相続税を課税された財産につき、これと実質的、経済的にみれば同一のものと評価される所得について、その所得が法的にはみなし相続財産とは異なる権利ないし利益と評価できるときでも、その所得に所得税を課税することは、所得税法9条1項15号〔現

---

[4]　長崎地裁平成18年11月7日判決（訟月54巻9号2110頁）。評釈：三木義一・税理50巻2号117頁（2007年）等。

16号：筆者注（以下同じ）〕の趣旨によって許されないものと解するのが相当である。したがって、本件年金が現金であること、それが本件年金受給権とは法的に異なる支分権に基づくものであること、被相続人の死亡後に発生するものであることは、いずれも所得税法の前記条項にもかかわらず本件年金について所得税を課税すべきことの根拠となるものではない」と述べて、原告の主張を認めていました。

所長　本件の場合は、年金受給権とその後に受け取る年金が「実質的、経済的に同一のものと評価される所得」かどうかが争点といえそうだね。

春香　その点についてはまず、「相続税法3条1項は、相続という法律上の原因に基づいて財産を取得した場合でなくとも、実質上相続によって財産を取得したのと同視すべき関係にあるときは、これを相続財産とみなして相続税を課することとし、他方所得税法9条1項15号は、このように相続税を課することとした財産については、二重課税を避ける見地から、所得税を課税しないものとしている。このような税法の規定からすると、相続税法3条1項によって相続財

産とみなされて相続税を課税された財産につき、これと実質的、経済的にみれば同一のものと評価される所得について、その所得が法的にはみなし相続財産とは異なる権利ないし利益と評価できるときでも、その所得に所得税を課税することは、所得税法9条1項15号によって許されないものと解するのが相当である」と述べて、相続税を課された財産と「実質的、経済的に同一のものと評価される所得」に対しては所得税が課されないと示しています。

山川　そりゃ、当然ですよ。

春香　その上で、「本件年金受給権は、乙〔被相続人：筆者注（以下同じ）〕を契約者兼被保険者とし、原告を保険金受取人とする生命保険契約に基づくものであり、その保険金は保険事故が発生するまで乙が払い込んだものであるから、年金の形で受け取る権利であるとしても、実質的にみて原告が相続によって取得したのと同視すべき関係にあ」ると評価しています。つまり、本件の年金受給権は、相続税法3条1項1号に規定する「保険金」にあたると解されるわけですね。

山川　だから、全額課税してはいけないんですね。

春香　でも、「経済的に同一」でないといけないのですから、単純には、そういいきれないと思います。

所長　そういうことだね。

春香　だから、地裁では、「本件年金受給権の価額は、同法〔相続税法：筆者注〕24条に基づいて評価されることになるが、同条1項1号によると、有期定期金は、その残存期間に受けるべき給付金の総額に、その期間に応じた一定の割合を乗じて計算した金額とされている。この割合は、将来支給を受ける各年金の課税時期における現価を複利の方法によって計算し、その合計額が支給を受けるべき年金の総額のうちに占める割合を求め、端数整理をしたものだといわれている」と示しているのですね。

山川　じゃあ、こっちの「本件年金は、本件年金受給権に基づいて保険事故が発生した日から10年間毎年の応答日に発生する支分権に基づいて原告が保険会社から受け取った最初の現金である。上記支分権は、

本件年金受給権の部分的な行使権であり、利息のような元本の果実、あるいは資産処分による資本利得ないし投資に対する値上がり益等のように、その利益の受領によって元本や資産ないし投資等の基本的な権利・資産自体が直接影響を受けることがないものとは異なり、これが行使されることによって基本的な権利である本件年金受給権が徐々に消滅していく関係にあるものである」というのは、実質的に同一ということを評価したってわけですね。

所長　そうだね。

春香　それで、相続税法による年金受給権に対して「相続税を課税した上、更に個々の年金に所得税を課税することは、実質的・経済的には同一の資産に関して二重に課税するものであることは明らかであって、前記所得税法9条1項15号の趣旨により許されないものといわなければならない」と判断されたということですね。

山川　これで、納税者が勝っていたのに、高裁では逆転敗訴となったのか。なんでだろう？

3　福岡高裁判決

春香　えっと…福岡高裁[5]では「本件年金受給権は、乙を契約者及び被保険者とし、被控訴人を保険金受取人とする生命保険契約（本件保険契約）に基づくものであり、その保険料は保険事故が発生するまで乙が払い込んだものであって、年金の形で受け取る権利であるが、乙の相続財産と実質を同じくし、乙の死亡を基因として生じたものであるから、相続税法3条1項1号に規定する『保険金』に該当すると解される。そうすると、被控訴人は、乙の死亡により、本件年金受給権を取得したのであるから、その取得は相続税の課税対象となる」と述べて、年金受給権が相続税の課税対象になると示しています。

5　福岡高裁平成19年10月25日判決（訟月54巻9号2090頁）。評釈：浅妻章如・税研25巻3号77頁（2009年）等。

その一方で、「被控訴人は、将来の特約年金（年金）の総額に代えて一時金を受け取るのではなく、年金により支払を受けることを選択し、特約年金の最初の支払として本件年金を受け取ったものである。本件年金は、10年間、保険事故発生日の応当日に本件年金受給権に基づいて発生する支分権に基づいて、被控訴人が受け取った最初の現金というべきものである。そうすると、本件年金は、本件年金受給権とは法的に異なるものであり、乙の死亡後に支分権に基づいて発生したものであるから、相続税法3条1項1号に規定する『保険金』に該当せず、所得税法9条1項15号所定の非課税所得に該当しないと解される」と述べて、実際の年金は年金受給権と法的に異なるから、「本件年金に係る所得は所得税の対象となるものというべきである」と結論づけていますね。

山川　どうしてこんなに地裁と高裁では、判断が違うんですか？

所長　年金受給権という基本権と、実際の年金の支給を受ける権利である支分権の関係をどうとらえるかというところによる差だろうね。

春香　年金受給権があって、毎年支払日が来ると新しく年金を払えという請求権が生じるわけですよね。

所長　それが高裁の考え方だよ。

山川　地裁はどうなんですか？

春香　10年の分割での年金払いか、相続時の一括払いか、選択できるし、230万円を10年間受け取る権利が受給権なんだから、毎年の請求権をまとめたものが年金受給権ということのようですね。

所長　そうだね。

山川　どっちか選べるものが法的に異なるだなんて考えるほうが、おかしいじゃないですか。

春香　でも、毎年支払日が来ないと実際にはもらえないんですよ。それをどう考慮するんですか。

山川　でも、それは条件の話じゃないんですか？

春香　それに、一括でもらっていれば2,300万円が課税対象ですが、年金方式にしたときには、当時の相続税法の規定によれば60％しか課税

対象として評価されていません。これはどうなるんでしょう？

山川　えっ…選択によって課税対象額が変わっちゃうのか。

所長　春香さんの指摘するとおりなんだ。だから、国側はその点を主張していたし、実際に地裁判決でもそれを「各年金の課税時期における現価を複利の方法によって計算し、その合計額が支給を受けるべき年金の総額のうちに占める割合を求め、端数整理をしたもの」と指摘している。

春香　この点が強調されると、「経済的に同一」といえるのか…。難しくなりますね。

所長　そうだね。そこで、最高裁はこの点を意識した判決を出したのだと思う。

4　最高裁判決

春香　最高裁判決では、「『相続、遺贈又は個人からの贈与により取得するもの』とは、相続等により取得し又は取得したものとみなされる財産そのものを指すのではなく、当該財産の取得によりその者に帰属する所得を指すものと解される。そして、当該財産の取得によりその者に帰属する所得とは、当該財産の取得の時における価額に相当する経済的価値にほかならず、これは相続税又は贈与税の課税対象となるものであるから、同号の趣旨は、相続税又は贈与税の課税対象となる経済的価値に対しては所得税を課さないこととして、同一の経済的価値に対する相続税又は贈与税と所得税との二重課税を排除したものであると解される」と述べて、所得税法9条1項16号で非課税になるのは、相続税の課税対象となった「経済的価値」と指摘していますね。

山川　経済的価値？　それってどういうことですか？

春香　えっと、それに続けて最高裁で示されているのは、「年金の方法により支払を受ける上記保険金（年金受給権）のうち有期定期金債権に当たるものについては、同項〔相続税法24条1項：筆者注〕1号の規定により、その残存期間に応じ、その残存期間に受けるべき年金

の総額に同号所定の割合を乗じて計算した金額が当該年金受給権の価額として相続税の課税対象となる」と述べています。だから、相続税法24条1項1号によって評価された金額が「経済的価値」ということですね。

山川　それに対しては、所得税を課しちゃいけないってことになりますね。

春香　そうですね。「この価額は、当該年金受給権の取得の時における時価（同法〔相続税法：筆者注〕22条)、すなわち、将来にわたって受け取るべき年金の金額を被相続人死亡時の現在価値に引き直した金額の合計額に相当」すると述べられています。そして、「その価額と上記残存期間に受けるべき年金の総額との差額は、当該各年金の上記現在価値をそれぞれ元本とした場合の運用益の合計額に相当するものとして規定されているものと解される」と示されています。

山川　どういうことですか？　ちっともわかりませんよ。

春香　2,300万円の年金受給権を相続税法によって評価すると、当時は60％だから、1,380万円ですよね。それが、相続時における「時価」ってことで、この「時価」1,380万円が元本で、2,300万円との差額920万円が運用益になるということじゃないかしら。

所長　そういうことだよ。

春香　その上で最高裁は、「これらの年金の各支給額のうち上記現在価値に相当する部分は、相続税の課税対象となる経済的価値と同一のものということができ、所得税法9条1項15号により所得税の課税対象とならないものというべきである」と述べています。つまり、この1,380万円には所得税を課してはいけないということだと思います。

所長　そのとおりだ。その上で、本件で問題になっていた第1回目の受給年金について最高裁は、「本件年金受給権は、年金の方法により支払を受ける上記保険金のうちの有期定期金債権に当たり、また、本件年金は、被相続人の死亡日を支給日とする第1回目の年金であるから、その支給額と被相続人死亡時の現在価値とが一致するものと解される。そうすると、本件年金の額は、すべて所得税の課税対象とならないから、これに対して所得税を課することは許されないも

のというべきである」と述べて、本件で争われた部分について納税者の全面勝訴となったわけだ。

山川　納税者の全面勝訴！すごいじゃないですか。

5　二重課税の範囲

春香　でも、ちょっと待ってください。この判決は、今回は1回目の年金が問題になっていたから、ということですよ。

山川　どういうことですか？

春香　2,300万円と1,380万円の差額の920万円については、相続税が課されていないから、所得税を課してよいということではないでしょうか。

山川　え〜？2回目以降は課税される可能性があるってことですか？じゃあ、納税者の全面勝訴とはいえないじゃないですか？

春香　そうね。おまけに最高裁では「所得税法207条所定の生命保険契約等に基づく年金の支払をする者は、当該年金が同法の定める所得として所得税の課税対象となるか否かにかかわらず、その支払の際、その年金について同法208条所定の金額を徴収し、これを所得税として国に納付する義務を負うものと解するのが相当である」なんて述べられています。

山川　非課税だっていっておきながら、源泉徴収をする義務があるってことですよね？おかしくないですか？

春香　そうですね…。でも、「B生命が本件年金についてした同条所定の金額の徴収は適法であるから、上告人が所得税の申告等の手続において上記徴収金額を算出所得税額から控除し又はその全部若しくは一部の還付を受けることは許される」ということで、確定申告で調整すればよいということのようですね。非課税の者について源泉徴収するということは課税するということだと思いますし、それを申告で調整すればよいというのは問題としては別だと思います。

山川　なんだか、最高裁も支離滅裂って印象だな。

所長　山川君、そんなことがいえるなんて偉くなったな。ははは。

山川　所長、どういうことですか！

STUDY この判決から学ぶこと

- ☑ 相続税の課税対象となるのは、相続時の「時価」であり、これは「現在価値」と解される。
- ☑ その相続時の「現在価値」と経済的に同一の範囲で、所得税法9条1項16号の非課税所得となる。

補論

　本判決を受けて（平成22年7月8日）、国税庁ウェブサイトに野田財務大臣（当時）のコメントと今後の対応が掲載され、10月20日には取扱いの変更についても掲載されました（http：//www.nta.go.jp/kohyo/katsudou/shingi-kenkyu/shingikai/110303/shiryo/pdf/05.pdf）。これによって、過去5年分の所得税について還付の対応がとられることになりました。

　報道（日本経済新聞平成22年8月6日付）によれば、このような保険は20万件に上り、それに対する所得税額は300億円に達するということでした。この点からも本判決の影響の大きさがうかがえると思います。

取扱いの変更（イメージ図）

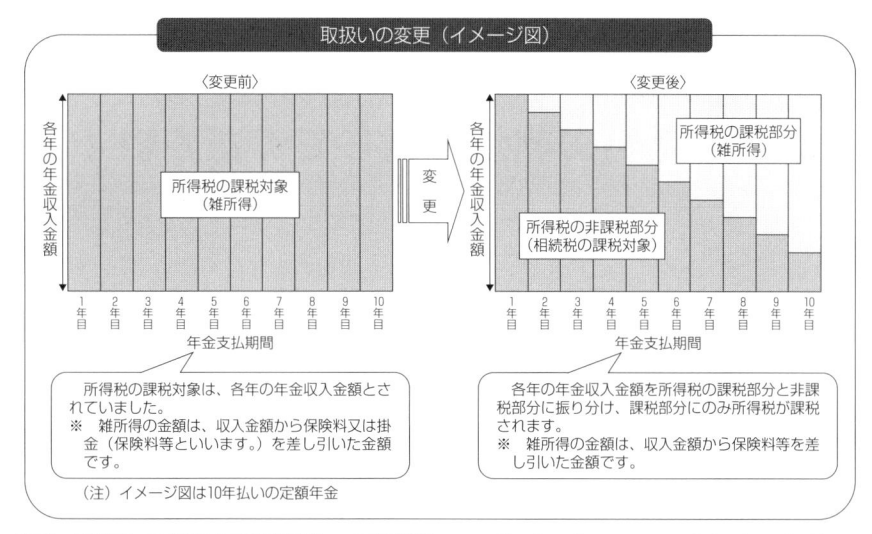

〈変更前〉

各年の年金収入金額／所得税の課税対象（雑所得）／1年目〜10年目／年金支払期間

- 所得税の課税対象は、各年の年金収入金額とされていました。
- ※ 雑所得の金額は、収入金額から保険料又は掛金（保険料等といいます。）を差し引いた金額です。

（注）イメージ図は10年払いの定額年金

〈変更後〉

各年の年金収入金額／所得税の課税部分（雑所得）／所得税の非課税部分（相続税の課税対象）／1年目〜10年目／年金支払期間

- 各年の年金収入金額を所得税の課税部分と非課税部分に振り分け、課税部分にのみ所得税が課税されます。
- ※ 雑所得の金額は、収入金額から保険料等を差し引いた金額です。

出典：国税庁「生保年金最高裁判決への対応等について」(http://www.nta.go.jp/kohyo/katsudou/shingi-kenkyu/shingikai/110303/shiryo/pdf/05.pdf) 3頁

　しかし、政府はこの判決の射程範囲について、「最高裁判決研究会」において検討をしてもらい、平成22年10月22日に、その報告書が出されています（「『最高裁判決研究会』報告書～「生保年金」最高裁判決の射程及び関連する論点について～」）。報告書では、この判決は相続税法24条によって評価される定期金についてのみあてはまる限定的なものと考えるべきだとまとめられています。つまり、定期金以外の相続財産、例えば、株式等の資産や著作権といった無形資産等には、この判決の論理はあてはまらないと説明されています。

私の事件簿
あなたの裁判の判決文貸してください！

兵庫ブロック　市原幸惠

　平成26年8月2日発表の全国女性税理士連盟・第47回研究報告は私が所属する兵庫ブロックが担当しました。研究テーマは「トラブルと税金─税法における不法行為・損害賠償等の取扱いを中心に─」でした。私達兵庫ブロックのメンバーは、この研究報告のため、大阪大学大学院高等司法研究科教授・谷口勢津夫先生に2年間の指導を仰ぎ、平成26年2月には最終原稿の修正に入っていました。

　そんな時期に「ライブドア損害賠償金非課税・訴えた兵庫県南あわじ市の夫婦、平成25年12月13日神戸地裁で勝利！」という衝撃的なマスコミ報道の見出しをネット上で見つけました。「やったあ！」胸躍るとは、まさにこのようなことをいうのでしょう。興奮して確定申告どころではなくなってしまいました。というのも、この裁判の前哨戦ともいえる国税不服審判所平成23年12月2日裁決（裁決事例集85集28頁）を、上記の研究報告で取り上げていたからです。しかも執筆者は私でした。

　私は、指導教授の谷口先生の手直しも終わりほぼ完成状態にあった原稿を書き直そうと決心しました。ところが判決文はおろか評釈等が載っている記事・論文・書籍等、何も見当たりません。判決日から2か月しか経過していないため、まだLEX/DBにもTAINSにも収録されていないようで、ホトホト困り果ててしまいました。

　神戸地裁に電話して「閲覧」という制度があることを聞いた折に、この事件が控訴されず判決が「確定」したことも聞きました。これはどうしても書かなくてはなりません。

　さあ、いよいよ「閲覧」です。とはいえ、神戸地裁で手続を済ませ、判決文を手にしたのはよかったのですが、関係者ではないのでコピーはしてもらえません。2時間の閲覧のみで、それも「全文丸写しのようなことは

できませんよ！」と重々釘をさされました。実際には2時間、必死で判決文を書き写しましたが、何しろ60頁近くもあります。書き写せたのは、主要な部分だけですし、写し間違いがあるかもしれません。

　ところが、その閲覧で実は驚くことに気づきました。何と、原告は淡路島の税理士さんで、しかも一度だけ名刺交換をしたことがある方でした。もうこれはこの税理士さんに頼むしかないと思い、勇気を奮って電話しました。どういうふうに話を切り出したか覚えていませんが、ともかく「判決文を貸して！」と、びっくりするほど厚かましいお願いをしました。

　先方も驚き戸惑われたことと思いますが、私が電話口で「筆舌に尽くし難いご苦労をされたけれども、そのおかげで、ライブドア事件で損害賠償金（総額90億円ともいわれている）を取得された多くの被害者が救われますね」という趣旨の話をしたときに「協力しましょう」とおっしゃって、判決文を事務所に送ってくれました。もう感激です！　必死に読み込んで、原稿にしました。

　しかし、判決文以外参考にできる資料が何もありません、本当にこの解釈でよいのだろうか、判決要旨はこれで間違いないのだろうか…。大変不安ではありましたが、何とか原稿が完成しました。

　ちなみに、この事件を正確性・詳細性にやや欠けることを承知の上で、簡略に説明すれば以下のとおりです。

〈有価証券報告書の虚偽記載による損害賠償金は非課税所得となるか〉
（神戸地判平成25年12月13日判時2224号31頁）（平成23年12月2日裁決・裁決事例集85集28頁）

・平成18年1月18日、株式会社ライブドアの有価証券報告書に虚偽記載があることが公表され、ライブドア株式の株価が暴落した事件がありました。原告（納税者）は、この事件の被害者で、他の多数人の被害者と共にライブドアらに対し損害賠償請求訴訟を提起し、和解合意に基づく損害賠償金等（損害賠償金・弁護士費用賠償金・遅延損害金）を取得しました。この損害賠償金等の非課税所得該当性を争った事例です。原告（納税者）が取得した損害賠償金等はすべて非課税であると主張したのに対

し、課税庁は損害賠償金・弁護士費用賠償金は一時所得、遅延損害金は雑所得であるとして更正処分等を行ったのです。
・国税不服審判所は、本件損害賠償金等はすべて総合課税の雑所得であるとし、課税庁の主張する一時所得よりも課税強化となる考えを示して、納税者の訴えを退けました。

　なんとも奇怪な話です。この考え方によれば、暴落後のライブドア株式を譲渡したことによる損失は申告分離課税の株式等の譲渡による雑所得の損失となり、その損失補てんのために受け取った損害賠償金は総合課税の雑所得となることになります。措置法が邪魔をし、両者が通算されることはありません。では、なぜ国税不服審判所はそう判断したのでしょうか。
・不法行為その他突発的な事故により資産に損害を受けた者が取得する損害賠償金は、収益補償的な性質を有するもの（所令94条）を除き、基本的には非課税とされています（所法9条1項17号、所令30条）。ところが、この非課税を課税に簡単に変えてしまう魔法の規定があります。所得税法施行令30条柱書き括弧書き（必要経費に算入される金額を補てんするための金額は非課税から除くとの規定）です。その支出した費用が必要経費に算入される場合には、その費用を補てんするために受け取った損害賠償金は収入金額に算入しなければなりません。
・ライブドア損害賠償金が補てんする「損害」が「必要経費」かどうかが本件の最大争点でした。課税庁も国税不服審判所も、この「損害」を株式の譲渡による雑所得の計算上控除される「取得費」、つまり「必要経費」であると勘違いしたのです。神戸地裁は、当該損害賠償金が補てんする損害は、取得時差額（株式取得時の実際の取得価額と虚偽記載がなかったと仮定した場合の取得時の想定価額との差額）であり、「必要経費（所法37条1項）」ではなく「資産損失（所法51条4項）」であると判断し、所得税法施行令30条柱書き括弧書きの適用はない、よって非課税と判示しました。

　「損害の回復であって所得でないものには課税しない」というシンプルな発想に立ち還れば、当然導き出される結果であったと思います。ただし、遅延損害金のみ雑所得と判断されました。

第2話　懇親会費は必要経費？

　従来から必要経費については多くの争いがありました。従来は業務との直接的関連性が求められて、必要経費の範囲は狭くとらえられがちでした。しかし、そのような直接的関連性を要件としないという判断が示されました。今回はこの事例を紹介しましょう。

1　これまでの必要経費のとらえ方

春香　必要経費について画期的な判決が出たって、話題になってますね。
所長　弁護士会役員活動費に関する東京高裁判決[6]だね。
山川　そんなに画期的なんですか？　僕も気になりますよ。
春香　そうですね。これまでの必要経費に関する判例とは異なる基準が示されているといわれています。
山川　どんな基準なんですか？
春香　業務との直接的関連性を否定したんです。
山川　どういうことですか？
所長　順に確認していったほうがいいよ、春香さん。
春香　はい。まず、必要経費について条文を確認します。

【所得税法37条】
　その年分の不動産所得の金額、事業所得の金額又は雑所得の金額（事業所得の金額及び雑所得の金額のうち山林の伐採又は譲渡に係るもの並びに雑所得の金額の

---

[6] 東京高裁平成24年9月19日判決（判時2170号20頁）。評釈：品川芳宣・税研28巻6号78頁（2013年）等。

> うち第三十五条第三項（公的年金等の定義）に規定する公的年金等に係るものを除く。）の計算上必要経費に算入すべき金額は、別段の定めがあるものを除き、これらの所得の総収入金額に係る売上原価その他当該総収入金額を得るため直接に要した費用の額及びその年における販売費、一般管理費その他これらの所得を生ずべき業務について生じた費用（償却費以外の費用でその年において債務の確定しないものを除く。）の額とする。

山川　これなら僕でも知っていますよ。

所長　では、どういった支出が必要経費になるのかね。

山川　①売上原価その他当該総収入金額を得るため直接に要した費用（販売原価等）の額と、②その年における販売費、一般管理費その他これらの所得を生ずべき業務について生じた費用（一般管理費等）の額、の2つですね。

所長　そうだな。

春香　①販売原価等は、収入を得るために直接に要したものでなければなりません。

山川　つまり、収入と支出の直接的な関連が必要なんですね。

春香　はい。でも、②一般管理費等のほうは違います。

山川　そうですね。具体的な売上げ、収入には結びつきませんからね。

春香　はい。①販売原価等は個別に対応しますが、②一般管理費等のほうは一般対応といえます。

山川　それで、何が問題なのですか？

春香　一般に、この必要経費については、ある支出が必要経費として控除されるためには、事業活動と直接の関連を持ち、事業の遂行上必要な費用でなければならないと解されてきました。

山川　業務上必要でなければ控除できないなんて、当然でしょう？

春香　でも、個人の場合、簡単にはこの区分ができないじゃないですか。

山川　家事費や家事関連費（所法45条1項1号）ですね。

春香　そのとおりです。この事案でも問題になっていますが、懇親会の参

加費用は、法人税の場合、従業員が参加したものは経費として損金算入できますが…。
山川　個人だと、家事費や家事関連費に該当する可能性がありますね。
春香　はい。
山川　そういう場合にも、業務との直接の関連性が求められてきたわけですね。
春香　そうですね。その結果、必要経費の範囲は狭く解されてきたといわれています。

2　事案の概要

山川　で、今回の事案でもそういう家事費や家事関連費との関係で、支出が問題になったのですか？
春香　原告は弁護士さんです。仙台弁護士会会長や日本弁護士会連合会（日弁連）の副会長等の役員を務めていました。その役員としての活動に伴い支出した金額を、弁護士としての事業所得の計算上必要経費に算入したのですが、それが否認されたということです。
山川　具体的にはどんな支出なんですか？
春香　例えば、平成16年分では、弁護士会会長に就任することがほぼ確実になっていて、同会の副会長等への就任予定者も確定していたことから、その執行部のあり方についての意見交換をする目的で、酒食を伴う会合を開催し、参加費を原告が支出しています。この執行部メンバーについては、その他にも意見交換会や定期総会後に懇親会も行っていますので、そういった費用があります。それから日弁連での会議の後の懇親会に出席し、その懇親会費用もですね。さらに、そういった会の二次会の費用も挙げられています。
山川　ということは、役員として参加した、いろいろな懇親会の参加費とその後の二次会の費用が中心ですね。こういうのは家事関連費じゃないんですか？　どうせ、そんな会がなくても食事をするだろうし。
春香　でも、役員でなければ、そういった懇親会に参加することもないといえますよ。

山川　そうかぁ…。

3　当事者の主張

山川　で、原告はどんな主張をしているのですか？

春香　はい。原告は「弁護士にとって、弁護士会に入会し、B連合会〔日弁連：筆者注（以下、同じ）〕に登録することは、弁護士の業務の開始及び存続の要件であり、B連合会及び弁護士会の会務活動は、弁護士制度と弁護士に対する社会的信頼を維持し弁護士の事務の改善に資するものである。したがって、会務活動は、弁護士としての業務のために必要かつ不可欠なものであり、弁護士業務の重要な一部であり、弁護士の事業活動そのものである」と、弁護士会の会務は弁護士としての事業活動だと主張しています。

山川　なるほど。それは、我々税理士にも共通するところですね。

春香　その上で、「所得税法37条に定める必要経費のうち、いわゆる一般対応の必要経費については、その文言及び性質上、支出と収入の直接関連性は必要とされていないから、会務活動に伴う支出は、いずれも必要経費に該当するというべきである」と主張しています。

山川　収入との直接的な結びつきは必要ない、一般対応の費用だ、ということですね。家事関連費のほうはどういう主張なんです？

春香　その点については、「家事関連費とは、個人の消費生活上の支出である家事上の経費に関連する支出を意味すると解され、これは、あくまで関連する経費であるから、本来『業務について生じた費用』に当たり得るものであり、それを一定の基準で区分して、そのうち『政令で定めるもの』は必要経費に算入しないこととしたものである」ということです。

山川　本来は一般対応の費用だけど、例外的に家事関連費として必要経費に算入していない、ということか。

春香　そうですね。だから、飲食を伴うからといって機械的に家事関連費と扱うのは間違いだということのようです。

山川　そういう考え方もできるのか。それに対する被告の主張はどうなん

ですか？

春香　被告は、「一般対応の必要経費の該当性は、当該事業の業務内容、当該支出の相手方、当該支出の内容等の個別具体的な諸事情から社会通念に従って客観的に判断して、当該事業の業務と直接関係を持ち、かつ、専ら業務の遂行上必要といえるかによって判断すべきであり、そのような判断の下必要経費と認識し得ない支出や費用については、家事費として経費不算入とすべきであり、また、それが必要経費であるか家事費であるか判然としない支出や費用については、家事関連費として、原則経費不算入とすべきである（所法37条1項、45条1項1号、所令96条参照）」、と従来の判断基準に基づいて主張しています。

山川　それを前提に、「本件各支出が必要経費に該当し経費として算入されるためには、原告の事業である弁護士としての事業内容、当該支出の相手方、当該支出の内容等の個別具体的な諸事情から社会通念に従って客観的に判断して原告の弁護士としての事業と直接関係を持ち、かつ、専ら原告の弁護士としての事業の遂行上必要といえる必要がある」というわけですね。

春香　はい。そして弁護士の事業については「『当事者その他関係人の依頼又は官公署の委嘱によって、訴訟事件、非訟事件及び審査請求、異議申立て、再審査請求等行政庁に対する不服申立事件に関する行為その他一般の法律事務を行うこと』（弁護士法3条1項）であるから、事業所得を生み出す弁護士としての事業とは、大略、営利を目的として対価を得て継続的に一般の法律事務を行う活動をいうというべきである」と述べています。

山川　そうすると、弁護士会の会務は法律事務ではないから、事業に関連しないということになってしまうわけですか。

春香　そうですね。特に懇親会等の費用は、「結果として原告の弁護士個人としての業務の収益獲得に資することがあるなど原告の弁護士業務に有益なものとなり得るとしても、当該支出は、個人的な義理や人間関係の維持といった側面をも含むものであるから、家事関連費

に該当し、原告の弁護士業務の遂行上直接必要である部分を明らかにすることができないものというべきであり、原告の事業所得の計算上必要経費に算入できない」と指摘しています。

山川　う〜ん。ここまで事業を狭くとらえるのも、なんだかおかしな気がしますね。

4　地裁判決

山川　で、高裁は納税者の主張が認められたということでしたけど、地裁はどうだったんですか？

春香　東京地裁平成23年8月9日判決[7]です。

山川　えっと、「ある支出が事業所得の金額の計算上必要経費として控除されるためには、当該支出が所得を生ずべき事業と直接関係し、かつ当該業務の遂行上必要であることを要すると解するのが相当である。そして、その判断は、単に事業主の主観的判断によるのではなく、当該事業の業務内容等個別具体的な諸事情に即して社会通念に従って客観的に行われるべきである。

そうすると、本件各支出が原告の事業所得の金額の計算上必要経費として控除されるためには、本件各支出が原告の事業所得を生ずべき業務と直接関係し、かつその業務の遂行上必要であることを要するということになる」といってますね。じゃあ、従来どおりの基準だ。

春香　そうですね。「弁護士が弁護士としての地位に基づいて行った活動が全て所得税法上の『事業』に該当するということにはならないのであり、弁護士は、当事者その他関係人の依頼又は官公署の委嘱によって、訴訟事件、非訟事件及び審査請求、異議申立て、再審査請求等行政庁に対する不服申立事件に関する行為その他一般の法律事務を行うことを職務とし（弁護士法3条1項）、上記法律事務を行う対価として報酬を得ることで事業所得を得ているのであるから、弁

---

[7]　判例時報2145号17頁。評釈：山田二郎・税法学566号463頁（2011年）等。

護士が弁護士の地位に基づいて行う活動のうち、所得税法上の『事業』に該当する活動とは、事業主である弁護士がその計算と危険において報酬を得ることを目的として継続的に法律事務を行う経済活動をいうことになる」と「事業」に関しても、被告と同じ理解を示しています。

山川　その結果、「各支出については、これらが弁護士会等の役員としての活動との関連で支出されたものであるからといって、原告の事業所得を生ずべき業務に直接関係して支出された必要経費であるということはできない」となるわけですね。

所長　そういうことだね。しかし、高裁では逆転したのだよ。

5　高裁判決

山川　高裁では、どういう理由づけをしたんですか？

春香　はい。一般対応の必要経費の該当性は、当該事業の業務と直接関係を持ち、かつ、専ら業務の遂行上必要といえるかによって判断すべきであるという被控訴人（国）の主張に対して、「所得税法施行令96条1号が、家事関連費のうち必要経費に算入することができるものについて、経費の主たる部分が『事業所得を…生ずべき業務の遂行上必要』であることを要すると規定している上、ある支出が業務の遂行上必要なものであれば、その業務と関連するものでもあるというべきである。それにもかかわらず、これに加えて、事業の業務と直接関係を持つことを求めると解釈する根拠は見当たらず、『直接』という文言の意味も必ずしも明らかではないことからすれば、被控訴人の上記主張は採用することができない」と否定しています。

山川　つまり、家事関連費について定めた所得税法施行令96条1号を根拠に、業務と関連する支出は原則として必要経費になるという理解をしたんですね。

春香　そうだと思います。例外的に家事関連費に該当する場合には経費性を認めないという判断です。

山川　地裁はこの点について、「同法45条1項は、家事上の経費（以下「家

事費」という。）及びこれに関連する経費（以下「家事関連費」という。）で政令に定めるものは必要経費に算入しない旨を定めているところ、同条項を受けた所得税法施行令96条1号は、家事関連費のうち必要経費に算入することができるものについて、経費の主たる部分が『事業所得…を生ずべき業務の遂行上必要』であることを要すると規定している。このような事業所得の金額の計算上必要経費が総収入金額から控除されることの趣旨や所得税法等の文言に照らすと、ある支出が事業所得の金額の計算上必要経費として控除されるためには、当該支出が所得を生ずべき事業と直接関係し、かつ当該業務の遂行上必要であることを要すると解するのが相当である」と述べてますね。

春香　地裁は例外的に所得税法施行令96条1号の要件を満たしたものが必要経費になる、という立場のように思えます。

山川　なるほどね〜。基本的立場の違いなんですね。

春香　そういう立場の違いから、高裁は「事業の業務と直接関係を持つことを求めると解釈する根拠は見当たら」ないと指摘したり、「『直接』という文言の意味も必ずしも明らかではない」と述べているのだと思います。

山川　それで、従来求められていた「直接性」が否定されたってわけですね。

春香　そうですね。その点で画期的な判決といえるのではないでしょうか。

山川　でも、それは所得税法37条の文言から明らかなように思えますけど。

春香　そうなんです。むしろ、これまでの裁判例が問題だっただけではないでしょうか。

山川　でも、この事例でも二次会の参加費用は否認されています。

春香　事実関係からすれば、そうとらえられるようにも思います。

山川　そうすると、これまでやってきた実務が大きく変わることはないのかな〜？

所長　おそらくそうだろうね。しっかりとこれまでどおりの対応をしていけばよいだろう。

春香　はい、所長。
所長　これまでの裁判例の問題が改められたといえるだろう。山川君もこれまでをふり返り、勤務態度を改めてくれることを期待しているよ。
山川　げっ、仕事の合間にスマホでSNSやネットゲームをしているのがバレてるのかな…。
春香　山川さん、そんなことしてたんですか‼
山川　ひえ～、ごめんなさ～い。

STUDY この判決から学ぶこと

- ☑ 一般対応の必要経費については、業務との直接的関連性は必要ない。
- ☑ 事業主の支出は、原則必要経費と推認される。
- ☑ 家事関連費に該当する場合のみ、例外的に経費性を否認される。

補論

　今回の判決は、裁判実務に影響を及ぼすものと考えられます。しかし、今回の判決で示された考え方は、新たなものではなく現行法のもととなった昭和40年の所得税法全文改正に際して検討された、税制調査会の「所得税法及び法人税法の整備に関する答申」（昭和38年12月）において示されていました。
　そこでは次のように明確に記されています。

> 　費用収益対応の考え方のもとに経費を控除するに当たって、所得の基因となる事業等に関係はあるが所得の形成に直接寄与していない経費又は損失の取扱いをいかにすべきかという問題については、純資産増加説的な考え方に立って、できるだけ広くこの種の経費又は損失を所得計算上考慮すべしとする考え方と、家事費を除外する所得計算の建前から所得計算の純化を図るためには家事費との区分の困難な経費等はできるだけこれを排除すべしとする考え方との広狭二様の考え方がある。
> 　所得税の建前としては、事業上の経費と家事費とを峻別する後者の考え方も当然無視することができないが、事業経費又は事業損失の計算については、できる限り前者の考え方を採り入れる方向で整備を図ることが望ましい。

　この答申を受けて、昭和40年の所得税法は、必要経費を現行法のように包括的に定めることにしました。現行法は法人の損金に近い考え方が採用されているといえます。このような考え方のもとでは、やはり従来の裁判例のような「事業との直接の関連性」を求めることは問題があったといえるのではないでしょうか。
　今後は、必要経費の解釈に関しては、上記の昭和40年改正で示された、本来あるべき解釈に基づき、課税実務も訴訟実務も行われることになるといえるでしょう。

私の事件簿

農業相続人の苦悩 2事案

北海道ブロック　薄井タカ子

　昨今は、昔よりも、人々の権利意識が強くなっているように思います。インターネットも普及し、多くの人たちが知識を得やすい環境になったということも影響しているのかもしれません。そんなことを感じた2つの事例があります。

〈事例1〉

　農業の場合、通常の事業と違って、農業を行っている者（平成21年度改正にて特定貸付けも含まれることになった）以外は、農地の相続税の納税猶予の対象にならないことから農業相続人が農地及び農業用固定資産を相続します。取得財産の取得割合が偏っていても、何ら不満も出ず、かえって、ありがたがられたくらいでした。

　しかしながらこの頃は、簡単にはいかないのです。

　農業者年金をもらうために、使用貸借による事業継承が行われていたら、なおのことややこしい話になるのです。

　結局のところ、話がまとまらず、事業を継承しない者たちが、遺留分を主張し、裁判所の調停にかけられてしまった事例がありました。

　調停の場合、話合いによっては分割財産のなかに、特別受益の分も含まれる（たとえそれが事業用資産であっても）ため、後を継ぐ人は、代償金支払用の資金を用意しておく必要があるのです。これは、これからの事業後継者が特に注意する点だと思います。

〈事例2〉

　あるとき突然の電話！「先日講演を聞きました。ご相談したいことがあるんですが…」とのこと。

　内容は「20年前に、農地の納税猶予を受けたのだが、20年を過ぎる今年になって、税務署が調べに来て、納税猶予は認められないので遡って納税

せよ（何と、利子税も含めて7,000万も）」といわれているということでした。

「もう、何十年も前から税理士さんに頼んでいて、すべて、その税理士さんに相談しながら物事を進めてきたのに、いきなりこんなことになって、どうしたらよいかわからない。だから、たまたま、研修会の講師をしていたあなたのところに電話をしました」とのことでした。

なぜそんなことになったのか、よくよく話を聞いてみました。

代々農家をやっていて、20年前には、「農地の相続税の納税猶予」の適用を受けました。そして、数年前に、その農地に息子が建物（倉庫）を建て、登記をしました。その倉庫を借りるにあたって、税理士さんと相談したら、「賃貸借契約を結んで、賃料を払わないとならない。そのほうが、息子さんの借金の補てんもできて一挙両得だ」というので、毎月賃借料を払っていて、息子は毎年申告を行っているとのことでした。

そして、改正農地法施行の平成21年12月15日より前に納税猶予の適用を受けているので、20年営農継続による納税免除が行われるにあたって、今年、税務署が調べに来ました。すると、20％超の面積に倉庫が建ち、借地権が設定され、貸付けを行っている状況であるので、納税猶予は認められず、打切りということでした（措法70条の6第1項）。そして、猶予税額と申告期限の翌日から打ち切られたときまでの期間の月数に応じ、年3.6％の利子税を払ってほしい（措法70条の6第40項）ということでした（平成12年1月1日より「利子税の特例」（措法93条）、平成26年1月1日から「短期貸付の平均利率に応じた割合」に軽減）。

私に相談の電話が来た時点では、すでに、すべてが確定した後で、国税局においても、顧問税理士さんとの打合せも終了していて、すべてを確認済みの状態でした。せっかく電話をかけてきてくれたのですが、残念ながら、私の入り込む余地なしという状況でした。

そのとき、確認のために、国税局と話したことは、もう、ご高齢のお父さんでしたから、もし、息子さんの名前でないと借入れができないということであれば、息子さんの名前で借入れをして建物を建てても、建物自体は、農業用倉庫です。実質、お父さんが返済をして、建物を無償で使って

いたならば、こんなことにはならなかった、ということでした。
　おそらく顧問税理士さんが、「農地の相続税の納税猶予」を知らなかったが故に発生した事件です。知らないとは怖いことです。
　この顧問税理士さんは、税理士賠償保険を使うということとなったのでしょうか…。聞くことも難しいのですが、他人事ながら心配です。

第3話 保険料は誰が払ったの？

　会社が従業員等を被保険者として、保険金の受取人を会社、満期保険金の受取人をその従業員等とする養老保険等に加入します。満期保険金を受領した従業員等が会社の負担した保険料を、自らの一時所得の計算において控除しました。これについて、地裁、高裁では納税者勝訴。しかし、最高裁では…。今回はこの事例を紹介しましょう。

1　養老保険による節税

春　香　所長、ちょっと気になる判決を見つけたのですが。
所　長　どんな判決だね？
山　川　何ですか、気になる判決って？　僕も気になります。
春　香　最高裁平成24年1月13日判決[8]です。
山　川　どんな事案なんですか？
春　香　会社が役員を被保険者として養老保険に入ったものです。
山　川　保険料は会社が払うんですか？
春　香　そうです。
所　長　その場合の法人税法上の取扱いはどうなるかな、山川君。
山　川　法人税基本通達によれば、2分の1が法人の損金に、2分の1が給与となります[9]。
所　長　さすが、山川君だ。通達には詳しい。
春　香　ハーフタックス・プランといわれた手法ですね。
所　長　そうだな。これによる節税が流行ったね。

---

[8] 裁判所ウェブサイト・民集66巻1号1項。評釈：髙橋祐介・ジュリスト1441号8頁（2012年）等。

春香　でも、この事件では、資産ではなく、役員に対する貸付金として処理されたようです。
山川　つまり、半分は会社が負担し、半分は役員自身で負担したということだ。
所長　それは逆ハーフタックス・プランといわれるものだろう。
山川　何ですか、それ？
所長　保険金等の受取人が違うんだ。死亡保険金は会社が受け取り、満期保険金は役員・従業員が受け取るのだよ。
春香　ハーフタックス・プラン（次ページ図表中③）だと、2分の1が損金だから、その分節税になりますね。
山川　でも逆ハーフタックス・プラン（次ページ図表中④）だと、全額が法人の損金になりますよ。
春香　このほうが節税効果が大きいですね。これが逆ハーフタックス・プランですか。

9　法人税基本通達9-3-4
　法人が、自己を契約者とし、役員又は使用人（これらの者の親族を含む。）を被保険者とする養老保険（被保険者の死亡又は生存を保険事故とする生命保険をいい、傷害特約等の特約が付されているものを含むが、9-3-6に定める定期付養老保険を含まない。以下9-3-7までにおいて同じ。）に加入してその保険料（令第135条《確定給付企業年金等の掛金等の損金算入》の規定の適用があるものを除く。以下9-3-4において同じ。）を支払った場合には、その支払った保険料の額（傷害特約等の特約に係る保険料の額を除く。）については、次に掲げる場合の区分に応じ、それぞれ次により取り扱うものとする。（昭55年直法2-15「十三」により追加、昭59年直法2-3「五」、平15年課法2-7「二十四」により改正）
(1)　死亡保険金（被保険者が死亡した場合に支払われる保険金をいう。以下9-3-5までにおいて同じ。）及び生存保険金（被保険者が保険期間の満了の日その他一定の時期に生存している場合に支払われる保険金をいう。以下9-3-4において同じ。）の受取人が当該法人である場合　その支払った保険料の額は、保険事故の発生又は保険契約の解除若しくは失効により当該保険契約が終了する時までは資産に計上するものとする。
(2)　死亡保険金及び生存保険金の受取人が被保険者又はその遺族である場合　その支払った保険料の額は、当該役員又は使用人に対する給与とする。
(3)　死亡保険金の受取人が被保険者の遺族で、生存保険金の受取人が当該法人である場合　その支払った保険料の額のうち、その2分の1に相当する金額は(1)により資産に計上し、残額は期間の経過に応じて損金の額に算入する。ただし、役員又は部課長その他特定の使用人（これらの者の親族を含む。）のみを被保険者としている場合には、当該残額は、当該役員又は使用人に対する給与とする。

図表　法人が役員または使用人を被保険者として養老保険に加入した場合の保険金受取人による課税上の保険料の取扱いについて

	契約者	被保険者	保険金受取人		保険料の取扱い
			死亡保険金	満期保険金	
①	法人	役員または使用人（役員等）	法人		積立金として資産計上
②	法人	役員または使用人（役員等）	被保険者またはその遺族		役員等に対する給与
③	法人	役員または使用人（役員等）	被保険者の遺族	法人	2分の1：福利厚生費として損金計上 2分の1：積立金として資産計上
④	法人	役員または使用人（役員等）	法人	被保険者	2分の1：支払保険料として損金計上 2分の1：役員等に対する給与

所長　そういうことだね。

春香　この事案では、給与ではなく法人からの貸付金になっています。

山川　でも、節税効果は同じということですね。

春香　それで満期保険金を役員が受け取ったわけですね。

所長　そういうことだね。

山川　じゃあ、一時所得で課税されますね。

2　一時所得の所得金額の計算

春香　そうすると、この役員が受け取った満期保険金が一時所得の収入金額になりますね。

山川　そうですね。で、その「収入を得るために直接に要した金額」として、支払保険料を控除することになります。

所長　山川君、この場合の支払保険料はどうなるんだ？

山川　そりゃあ、支払った保険料のすべてが控除できるのではないのですか？

春香　でも、半分は会社が負担して、会社の損金になってますよ。

山川　そうすると、半額ですか。

所長　本件は、そこが争いなんだよ。
山川　どういうことですか？
所長　所得税法34条2項を見てみよう。

【所得税法34条2項】
一時所得の金額は、その年中の一時所得に係る総収入金額からその収入を得るために支出した金額（その収入を生じた行為をするため、又はその収入を生じた原因の発生に伴い直接要した金額に限る。）の合計額を控除し、その残額から一時所得の特別控除額を控除した金額とする。

所長　所得税法34条2項では、控除できる金額について、自分が負担したものに限定されると規定されているかな？
春香　その点については、文言だけではわかりません。
山川　えっ、当然、自分のものだけじゃないんですか？
春香　でも規定には、自分の負担したものだけ、なんて書いてありませんよ…。
山川　だったら、法人の損金経理したものも含めて全額控除できるんですか？
春香　そうとも書かれていないですね…。
所長　だから、本件のような争いが起きたんだよ。判決を詳細に見るといい。

3　当事者の主張

山川　まずは当事者の主張を確認しておきましょうか。
春香　地裁では、原告は、所得税法34条2項は、「その文言上、収入を得た本人が負担したものしか控除できないという限定はされていない」という点を主張しています。
山川　それから、「所得税法施行令183条2項2号は、『生命保険契約等に係る保険料又は掛金の総額』は一時所得の計算上控除できる旨規定しており、その文言上、本人負担部分しか控除できないという限定

はない」という主張もあります。
春香 さらに、「所得税基本通達34-4は、一時所得の計算上控除できる保険料等の額には『満期返戻金等の支払を受ける者以外の者が負担した保険料又は掛金の額も含まれる』と明記している」という点も主張しています。
山川 なるほど。だから、「このような規定等からすれば、原告ら負担保険料のみならず、法人損金処理保険料についても、原告らの一時所得の計算上控除できるというべきである」ということになるんですね。
春香 それから、「法人税基本通達9-3-4(3)が制定された昭和55年には、国税当局は本件養老保険契約のような契約形態を想定し得たはずであるのに、所得税法34条2項、同法施行令183条2項、所得税基本通達34-4は長年改正されておらず、納税者は、本件養老保険契約のような場合、支払を受ける者以外の者(A等)が負担した保険料も控除できるものとして、経済活動や納税を行ってきた。これに反する本件更正処分等は、原告らの予測可能性・法的安定性を害し、違法である。
　また、租税法は侵害規範であるから、法的安定性の要請が働き、『疑わしきは納税者の利益に』の観点から、租税法の解釈においてみだりに拡張解釈や類推解釈を行うことは許されない。本件養老保険契約においては、前記のように、法令の規定等によれば法人損金処理保険料も控除されるべきなのであるから、これと異なる本件更正処分等は違法である」と主張しています。
山川 なるほどね。法律では明確でなく、施行令では「総額」、通達では「支払を受ける者以外の者が負担した保険料又は掛金の額も含まれる」と明記しているのだから、租税法律主義からすれば、当然認められるってわけだ。
所長 でも、課税庁はこの事案を争ったわけだよ。
春香 そうですね。被告の主張も見てみます。
山川 被告は、「収入を得た本人が負担した保険料及び事業主が負担した保険料で使用人に対して給与課税された保険料等に限られ、本人が

負担していない保険料は控除されない。したがって、本件養老保険契約に係る法人損金処理保険料は、原告らの一時所得の計算上控除されない」と主張していますね。

春香　そうですね。まず、「所得税法施行令183条2項2号は、その但書において、生命保険契約等に係る保険料又は掛金のうち、加入員自身が負担して所得控除の対象となっているもの及び事業主が負担して経費処理されたものについては、所得者の一時所得の計算上控除しないものとしている。このような規定によれば、法は、所得者において実質的な負担がない保険料等は控除しないものとしているというべきである」と主張しています。

山川　所得税法施行令183条2項2号の但書は、こうなってますよね。

【所得税法施行令183条2項2号但書】

ただし、次に掲げる掛金、金額、企業型年金加入者掛金又は個人型年金加入者掛金の総額については、当該支出した金額に算入しない。

イ　旧厚生年金保険法第九章（厚生年金基金及び企業年金連合会）の規定に基づく一時金（第七十二条第二項（退職手当等とみなす一時金）に規定するものを除く。）に係る同項に規定する加入員の負担した掛金

ロ　確定給付企業年金法第三条第一項（確定給付企業年金の実施）に規定する確定給付企業年金に係る規約に基づいて支給を受ける一時金（法第三十一条第三号に掲げるものを除く。）の額に第八十二条の三第一項第二号イからトまでに掲げる資産に係る部分に相当する金額が含まれている場合における当該金額に係る法第三十一条第三号に規定する加入者が負担した金額

ハ　第七十二条第三項第五号イからハまでに掲げる規定に基づいて支給を受ける一時金（同号に掲げるものを除く。）の額に第八十二条の三第一項第二号イからトまでに掲げる資産に係る部分に相当する金額が含まれている場合における当該金額に係る第七十二条第三項第五号に規定する加入者が負担した金額

ニ　小規模企業共済法第十二条第一項（解約手当金）に規定する解約手当金（第七十二条第三項第三号ロ及びハに掲げるものを除く。）に係る同号イに規定する

小規模企業共済契約に基づく掛金
ホ　確定拠出年金法附則第二条の二第二項及び第三条第二項（脱退一時金）に規定する脱退一時金に係る同法第三条第三項第七号の二（規約の承認）に規定する企業型年金加入者掛金及び同法第五十五条第二項第四号（規約の承認）に規定する個人型年金加入者掛金

山川　でも、これって限定列挙ではないのですか。
春香　う〜ん…。
山川　通達についてはどういう主張なんですか？
春香　え〜と…。「所得税基本通達36-32は、使用者が使用人等のために負担した生命保険料等が少額であれば、その金額は使用人に対し給与課税しない旨規定しているところ、同通達34-4がこのように課税されない場合について注記している（所得者において、給与課税されていないにもかかわらず一時所得の計算上控除できるということをあえて注意書きしている）ことからすると、同規定はそのような場合を例外とみていると解される。つまり、同規定が、所得者以外の者が負担した保険料等をも控除できるとしているのは、使用者が使用人等のために負担した保険料等は使用人等に対し給与課税等されているということが前提になっているのである。そして、同規定は、給与課税等されていれば当該保険料等は実質的に使用人等が負担しているとみられることから、使用人等が保険料を受領した場合の一時所得の計算においてこれを控除できる旨定めているのである」と主張しています。

【所得税基本通達36-32】
　使用者が役員又は使用人のために次に掲げる保険料又は掛金を負担することにより当該役員又は使用人が受ける経済的利益については、その者につきその月中に負担する金額の合計額が300円以下である場合に限り、課税しなくて差し支えない。ただし、使用者が役員又は特定の使用人（これらの者の親族を含む。）

> のみを対象として当該保険料又は掛金を負担することにより当該役員又は使用人が受ける経済的利益については、この限りでない。(昭46直審(所)19、昭63直法6-7、直所3-8改正)
> (1) 健康保険法、雇用保険法、厚生年金保険法又は船員保険法の規定により役員又は使用人が被保険者として負担すべき保険料
> (2) 生命保険契約等又は損害保険契約等に係る保険料又は掛金（36-31から36-31の7までにより課税されないものを除く。）
> (注) 使用者がその月中に負担する金額の合計額が300円以下であるかどうかを判定する場合において、上記の契約のうちに保険料又は掛金の払込みを年払、半年払等により行う契約があるときは、当該契約に係るその月中に負担する金額は、その年払、半年払等による保険料又は掛金の月割額とし、使用者が上記の契約に基づく剰余金又は割戻金の支払を受けたときは、その支払を受けた後に支払った保険料又は掛金の額のうちその支払を受けた剰余金又は割戻金の額に達するまでの金額は、使用者が負担する金額には含まれない。

山川　なるほど。あくまでも、自身で負担した保険料しか控除できないというわけだ。

春香　所得税基本通達34-4の(注)にも「1　使用者が支出した保険料又は掛金で36-32により給与等として課税されなかったものの額は、上記(2)に含まれる」とありますから、通達でも自分の負担分しか控除できないと予定されているということですね。

山川　そうすると、法人損金処理保険料は、会社が支出しているけれど、「原告らに給与課税されておらず、実質的に原告らが負担しているとみることはできないから、所得税法施行令183条2項2号、所得税基本通達34-4によっても、原告らの一時所得の計算上控除することはできない」となるわけですね。

春香　でも、なんだかスッキリしないような…。

山川　そうですね。被告は、「本件養老保険契約は、通常の企業が締結する生命保険契約とは全く目的を異にし、原告らにとっては、自己資金を一切負担することなく、法人の資金のみで、短期間（3年又は

5年）で、数億円もの金員を取得することができる仕組みとなっており、しかも、保険料を負担したＡ等にとっても当該保険料は損金に算入でき、税負担を免れるものとなっている。そうすると、本件養老保険契約は、原告らがほとんど税負担を負うことなく資金の移転を受けることを企図した不自然な契約形態であ」るということを一番問題にしているのではないですか。

4 福岡地裁判決

所長　そういうことだね。で、判決はどうなっている？

春香　はい。まず福岡地裁平成21年1月27日判決[10]では、「所得税法34条2項は、…その文言上、所得者本人が負担した部分に限られるのか、所得者以外の者が負担した部分も含まれるのかは、必ずしも明らかでない。

そして、所得税法施行令183条2項2号本文は、生命保険契約等に基づく一時金が一時所得となる場合、保険料又は掛金の『総額』を控除できるものと定めており、この文言からすると、所得者本人負担分に限らず保険料等全額を控除できるとみるのが素直である。そして、同号ただし書イないしニは、控除が認められない場合を、包括的・抽象的文言を用いることなく、法律と条文を特定して個別具体的に列挙しており、他に控除が認められない場合が存することをうかがわせる体裁とはなっていない。

このような所得税法及び同法施行令の規定を併せ考慮すれば、生命保険金等が一時所得となる場合、同号ただし書イないしニに列挙された場合以外は、所得者以外の者が負担した保険金等も控除できるものと解釈するのが自然である」と示しています。

山川　じゃあ、法令の文言どおりに解釈するという租税法律主義に基づく判断ですね。

春香　そう思います。通達についても、「所得税基本通達34-4も、明確に、

10　判タ1304号179頁。評釈：小林磨寿美・税理52巻13号145頁（2009年）等。

控除し得る金額には『支払を受ける者以外の者が負担した保険料又は掛金の額（これらの金額のうち、…の金額を除く。）も含まれる。』と規定しており、括弧書きで除かれた部分以外に控除し得る金額が限定される場合があると読み取ることは困難である」と、被告の主張を認めていません。
山川　通達まで否定されちゃったわけですね。
春香　はい。
山川　これで、納税者の全面勝訴ですね。めでたし、めでたし。
所長　そんなわけないだろう。最高裁判決まで出ているのだから。
山川　あっ、そうでした…。

5　福岡高裁判決

春香　被告は控訴の際に追加主張をしています。
山川　どんな主張ですか。
春香　はい。「所得税は、個人が得た所得に対して課税される租税であるところ、所得税法上の『所得』とは、『人の担税力を増加させる経済的利得』であり、個人が稼得した収入金額から、その収入を得るために支出した金額を控除したもの、いわゆる『純所得』である。そして、ある個人に帰属する所得金額を計算するに当たっては、収入金額から必要経費等を控除することとなるが、所得税法における所得の本来的意義からすると、そこで控除すべき必要経費等はあくまで当該個人において当該収入を得るために支出した金額をいうものと当然に解すべきである。なぜなら、当該個人が支出した金額はその分当該個人の担税力を減少させるものであるから、これを収入金額から控除するのが相当であるのに対し、当該個人以外の者が支出したものは、当該個人の担税力を減少させるものではないため、これを収入金額から控除すると、担税力を増加させる経済的利得である所得を正しく把握することにならないからである」と主張しています。
山川　へぇ～。所得の本来的意義ねぇ。それから、担税力か。なるほど。

所長　たしかに、この純所得課税の原則によれば、こういう主張になるだろう。

山川　で、高裁はこの主張を認めたのですか？

春香　いいえ、福岡高裁[11]も納税者の勝訴です。控訴人（被告）の追加主張についても、こんなふうに述べています。

「なるほど、所得税が個人の得た所得に対して課税される租税であることに鑑みれば、その所得の意義をいわゆる純所得、すなわち、個人が稼得した収入金額から当該個人が当該収入を得るために支出した必要経費等を控除した金額とすることは純理論的にはむしろ正しいといえよう。…一時所得においても、建前としては、個人が稼得した収入金額から当該収入を得るために支出した必要経費等を控除した金額をもって、一時所得の金額としようとしたことは明らかではあるが、一時所得といっても、その所得発生の態様はさまざまであるので、上記のとおり、必要経費に相当する費用にあたるものとして『その収入を得るために支出した金額』としたうえ、さらに、括弧書きで『その収入を生じた行為をするため、又はその収入を生じた原因の発生に伴い直接要した金額に限る。』との限定を加えたものと思われる。しかしながら、先に述べたとおり、一時所得については、その発生の態様がさまざまであることからして必要経費が一義的に算出しうるか疑問があるうえ、特に、生命保険契約等に基づき支払を受ける生命保険金、あるいは本件のような養老保険契約に基づき支払を受ける満期保険金の場合には、収入と必要経費との関係が直接的でないことからして、『その収入を得るために支出した金額（その収入を生じた行為をするため、又はその収入を生じた原因の発生に伴い直接要した金額に限る。）の合計額』と定義したところで、その文言（なお、所得者本人が負担した金額に限るとは規定していない。）だけでは、仮に、生命保険契約等に基づく生命保険金等の一時金又は損害保険契約等に基づく損害保険金等の満期返戻金等が、一時所得とされる場合に、その一時所得の金額の計算上控除される保険料等は、その一時金を取得した者自身が負担したものに限られるのか、それとも、その生命保

---

[11] 福岡高裁平成21年7月29日判決、裁判所ウェブサイト・民集66巻1号63頁。評釈：岩崎政明・ジュリスト1407号173頁（2010年）等。

> 険金等又は損害保険金等の受給者以外の者が負担していたものも含まれるのかについては、法文上必ずしも明らかではないというしかないのである。
> 　したがって、所得税法における所得の本来的意義から、所得税法34条2項にいう『その収入を得るために支出した金額』として控除できるのは、当然、所得者本人が負担した金額に限られるとする、控訴人の主張は採用することができない」

春香　このように高裁は国側の主張を認めていません。
山川　やっぱり租税法律主義は強いってことですね。
所長　高裁まではその考え方でいいだろう。
山川　そうか、最高裁がありましたね。

6　最高裁判決

春香　えっ！ 最高裁判決では、一転して納税者が敗訴していますよ！
山川　え〜っ‼ なぜですか？ 租税法律主義に基づいて判断されていたのですよ⁉
所長　まぁまぁ、落ち着いて。判決を見てみよう。
春香　はい。「所得税法…の計算方法は、個人の収入のうちその者の担税力を増加させる利得に当たる部分を所得とする趣旨に出たものと解される。一時所得についてその所得金額の計算方法を定めた同法34条2項もまた、一時所得に係る収入を得た個人の担税力に応じた課税を図る趣旨のものであり、同項が『その収入を得るために支出した金額』を一時所得の金額の計算上控除するとしたのは、一時所得に係る収入のうちこのような支出額に相当する部分が上記個人の担税力を増加させるものではないことを考慮したものと解されるから、ここにいう『支出した金額』とは、一時所得に係る収入を得た個人が自ら負担して支出したものといえる金額をいうと解するのが上記の趣旨にかなうものである。また、同項の『その収入を得るために支出した金額』という文言も、収入を得る主体と支出をする主体が同一であることを前提としたものというべきである。
　したがって、一時所得に係る支出が所得税法34条2項にいう『その

収入を得るために支出した金額』に該当するためには、それが当該収入を得た個人において自ら負担して支出したものといえる場合でなければならないと解するのが相当である」と純所得課税の原則を採用しているように思います。

山川　じゃあ、施行令や通達はどうなるんですか？

春香　その点については、「所得税法施行令183条2項2号についても、以上の理解と整合的に解釈されるべきものであり、同号が一時所得の金額の計算において支出した金額に算入すると定める『保険料…の総額』とは、保険金の支払を受けた者が自ら負担して支出したものといえる金額をいうと解すべきであって、同号が、このようにいえない保険料まで上記金額に算入し得る旨を定めたものということはできない。所得税法基本通達34-4も、以上の解釈を妨げるものではない」と述べています。

山川　純所得課税から、整合的に説明できるってわけなんだ…。

春香　そういうことになりますね。

山川　でも、租税法律主義との関係ではどうなるんでしょうね。

春香　えっと、それについては須藤裁判官の補足意見があります。

【最高裁平成24年1月13日判決補足意見】
　憲法84条は租税法律主義を定めるところ、課税要件明確主義がその一つの重要な内容とされている。したがって、課税要件及び賦課徴収手続（以下では、本件に即して課税要件のみについて考える。）は明確でなければならず、一義的に明確な課税要件であればもちろんのこと、複雑な社会経済関係からしてあるいは税負担の公平を図るなどの趣旨から、不確定概念を課税要件の一部とせざるを得ない場合でも、課税庁は、恣意的に拡張解釈や類推解釈などを行って課税要件の該当性を肯定して課税することは許されないというべきである。逆にいえば、租税法の趣旨・目的に照らすなどして厳格に解釈し、そのことによって当該条項の意義が確定的に明らかにされるのであれば、その条項に従って課税要件の当てはめを行うことは、租税法律主義（課税要件明確主義）に何ら反するものではない。

　そこで、租税法律主義（課税要件明確主義）についての以上の考えの下に本件をみるに、所得税法34条2項の「その収入を得るために支出した金額」は、…当該収入を得た個人において自ら負担して支出したといえるものでなければならないと解されるのであり、そのことは同条項の趣旨・目的に照らし明らかであるというべきである。そうすると、被上告人らが支払を受けた満期保険金につき、所轄税務署長が、支払われた保険料のうち本件会社等において損金経理された2分の1の部分を控除できないとして本件各更正処分を行ったことは、同項の趣旨・目的に沿った解釈によって明確にされている同条項の意義に従ったまでのことであり、租税法律主義（課税要件明確主義）に何ら反するものではない（もとより、租税法の解釈も通常の法解釈の方法によってなされるべきものであって、特別の方法によってなされるべきものではない。「疑わしきは納税者の利益に」との命題は、課税要件事実の認定について妥当し得るであろうが、租税法の解釈原理に関するものではない。）。

山川　どういうことです？

春香　法律の趣旨・目的が明確であれば、それに従った解釈をすることは租税法律主義に違反しない、ということだと思います。

山川　純所得課税の原則という趣旨・目的は明確だから、それに従って解釈したということですか。

春香　そうですね。だから、租税法律主義には反していないということです。

山川　う〜ん。たしかに、こう考えないと、法人での損金処理と一時所得での控除という二重の控除が認められることになりますね。

春香　被告も、そのように主張していました。

所長　そういうことだね。所得の稼得者と経費の支出者は同じでないといけないと、最高裁が示したわけだよ。

山川　それはわかるんですけど。法令の文言や通達があるのに…なんかすっきりしませんね。

春香　そうなんですよね…。

所長　山川君、そんなことまで考えて悩むなんて、成長してきたな。

山川　所長、ありがとうございます。ぜひ、僕の成長を考慮して、養老保険の保険料分の給料アップを。

所長　ちょっと褒めたら、すぐにこれだ。むしろ、君の成長をより促すために、給料の半分は貸付金にしてみようか。

山川　そんな〜。学生時代の奨学金の返還もまだ続いているんですから、これ以上債務を増やさないでくださいよ〜。

STUDY この判決から学ぶこと

- 租税法規の趣旨・目的が明らかな場合、それに基づいて条文を解釈することは租税法律主義に違反しない。
- 純所得課税の原則は租税法律主義の観点からも認められる。

✓ 純所得課税の原則により、所得の稼得者と経費の支出者は同一の者と解され、稼得者自身の支出した金額のみが原則として控除の対象となる。

補論

本判決を受けて、所得税基本通達34-4が改正されています。

【所得税基本通達34-4】
令第183条第2項第2号又は第184条第2項第2号に規定する保険料又は掛金の総額（令第183条第4項又は第184条第3項の規定の適用後のもの。）には、以下の保険料又は掛金の額が含まれる。（平11課所4-1、平24課個2-11、課審4-8改正）
(1) その一時金又は満期返戻金等の支払を受ける者が自ら支出した保険料又は掛金
(2) 当該支払を受ける者以外の者が支出した保険料又は掛金であって、<u>当該支払を受ける者が自ら負担して支出したものと認められるもの</u>
(注) 1 使用者が支出した保険料又は掛金で36-32により給与等として課税されなかったものの額は、上記(2)に含まれる。
　　 2 相続税法の規定により相続、遺贈又は贈与により取得したものとみなされる一時金又は満期返戻金等に係る部分の金額は、上記(2)に含まれない。
（下線部は筆者）

　このような通達の改正も含めて、今後の課税上の取扱いに影響がある判決といえるのではないでしょうか。
　なお、本判決と同旨の最高裁判決が平成24年1月16日（判タ1371号125頁）にも出されています。

私の事件簿

名義預金の金額は？

大阪ブロック　大串恵子

　お付き合いのある金融機関からお客様の相続税の申告をしてほしいと依頼がありました。被相続人は大手会社の子会社の代表取締役を65歳で退任された後、70歳まで相談役をされていた方です。相続開始時は72歳でした。財産としては、不動産はご自宅のみで、あとは金融資産として預貯金や投資信託等で約1億円です。

　ところが、相続人である妻や長男にもそれぞれ1億円ずつの預貯金があります。そこで、「これは名義は奥様やご長男様になっていますが、原資が被相続人様のお金であれば、名義を借りているだけということで名義預金となり、相続財産になりますよ」と説明しました。すると、妻は「たしかに夫のお金も入っています。が、私自身、婚姻後も共働きで17年間会社勤めをしていましたし、退職金で不動産を買って賃貸していたので、私のお金も入っているのです」といいます。長男も大学卒業後20年近く働いており、その収入も長男の口座に入っているとのことです。そうなりますと、名義預金の金額は一体いくらなのでしょうか⁉

　さあ、そこから妻と長男の過去の履歴の追跡が始まりました。妻は共働きの間、自分の給与は全額預金をし、夫の給与で生活をしていたこと、年間100万円くらいは貯蓄できたこと、昭和41年頃に郵便貯金が1,000万円を超えたので出金するように要請された記憶があること、退職金で不動産を購入し賃貸していたこと、その不動産を3年前に売却したこと等々。何度も訪問し、50年を超える歴史を振り返っていただきました。

　また、長男にも各年の給与水準の一覧表を作ってもらいました。同じところに勤めていたわけではないので、金額が上下しますし、また海外で国際協力に携わっていた期間もありドルベースでの振込の時期もありました。

　次に仮定として、その預貯金を1年定期で運用し続けたとして、現在幾

らになっているのかを算出することにしました。例えば、妻は昭和41年に手持ち金として1,200万円あったということでしたので、そこをスタートとして運用後の現時点での金額を出すのです。
　と、いいましても、昭和41年当時の１年定期の利率はいくらなのでしょう…？　いろいろと検索をした結果、財務省の統計資料集である「財政金融統計月報」にたどり着き、そこから毎年の１年定期の利率を拾っていくことにしました。なぜか昭和42年以降しか見つけられず、昭和41年分は「大蔵省財務局三十年史」なるものから抽出しました。
　昭和41年当時の利率は5.5％、その後昭和48年から昭和56年の間は６％を超える年もあり、昭和49年では7.75％に達しました。その後、金利は上下しながらバブルの時期も経て、しかし最後は１％をも切る水準になっていました。ですが、計算の結果は、昭和41年の1,200万円は相続開始時には約4,000万円を超える金額になったのです。そこに家賃収入や不動産売却収入等を加えると約5,600万円になりました。
　長男も同じく定期での運用計算をしましたが、平成になってからの運用は大きな増加はありませんでした。ただし、20年近くの収入の累積は多く、独身で両親とともに生活していたため、多少の生活費を差し引いても約4,800万円の貯蓄は本人のものと算出されました。長男の計算で苦労したのは、ドルベースの給与についての為替レートの変動で、こちらもやはり過去の為替レートの毎月の終値をもとに円換算しました。
　こうして、妻については、預金１億円のうち5,600万円を超える部分の4,400万円、長男については、同じく4,800万円を超える5,200万円を名義預金として申告しました。また、税理士法33条の２第１項に規定する添付書面をするとともに、申告資料以上の量の名義預金根拠資料を提出しました。
　その結果、税務調査がなかったことはいうまでもありません。

第4話 優待入場券で接待 —オリエンタルランド事件—

　法人の支出のうち、どのようなものが交際費に該当するかは難しい問題です。法人が営業する施設への優待入場券を事業関係者に配布し、その優待入場券による入場があった場合、施設を利用させるという役務提供はあります。このような場合、この優待入場券による入場について「交際費」が認定されるのでしょうか。今回はこの点が問題になった事例を紹介しましょう。

1　優待入場券の配布

山川　遊園地か〜。行ってみたいな〜。

春香　あら、山川さん、行ったことがないんですか？

山川　ありませんよ、恋人もいないのに、1人で遊園地なんて寂しすぎますよ。

春香　それもそうですね。でも、なんで突然、遊園地の話なんかするんですか？

山川　ほら、遊園地の入場券が問題になった事例があるじゃないですか。

所長　交際費に関する事例だね。

春香　有名な事例ですね。

山川　その事例を見ていたら、行ってみたいな、と思ったわけです。

春香　なるほど。

所長　そんなことを考えていないで、交際費の問題についてきちんと勉強しなさい。

春香　その事例の事実関係を詳しく教えてもらえますか？

山川　はい。遊園地を運営する会社が、重要な取引先やマスコミ関係者に、

　　　　入場と施設利用等を無料とする優待券を配ったんです。
春　香　いいですね〜。私もほしいです。
山　川　でしょう？
所　長　2人とも！
春　香　すみません。
山　川　会社としては、優待入場券を利用した入場者に対して特別に何かしているわけではないので、これに関する特別な経理処理もしていなかったわけです。
春　香　でも、課税庁は交際費に該当すると処分したのですよね。何が交際費に該当するのですか？
山　川　優待入場券が使用されたときに費用が支出されているから、売上原価の一部、つまり優待入場券での入場に対応する部分の費用が「交際費等」に該当する、ということです。

2　被告の主張

春香　でも、遊園地は別に1人いくらというような経費の支出の仕方じゃないですよね。

山川　そうですね。その点について被告は地裁において、「措置法61条の4第3項が、交際費等について、交際費、接待費、機密費その他の費用で、法人が、その得意先、仕入先その他事業に関係のある者等に対する接待等のために支出するものをいうと定めていること、交際費等は、一般的に、支出の相手方及び目的に照らして、取引関係の相手方との親睦を密にして取引関係の円滑な進行を図るために支出するものと理解されていることからすれば、当該支出が交際費等に該当するためには、①支出の相手方が事業に関係のある者等であること、②支出の目的が事業関係者等との間の親睦の度を密にして取引関係の円滑な進行を図るためであること、③支出の原因となる行為の形態が接待等であることの3要件を満たす必要がある」という基準を示しています。

所長　いわゆる「3要件説」だね。

春香　たしか、製薬会社が勤務医の英語論文の添削費用を一部負担した事例[12]で示されたものですよね。

山川　はい。それを本件にあてはめて次のように主張しています。「原告は、遊園施設への入場及びその利用を無償とする本件優待入場券を発行しているが、本件役員扱い入場券は、原告の役員又は部長の判断で特に重要な得意先に交付していること、役員が私的に使用している事実も認められないこと、本件プレス関係入場券は、原告が特に選定したマスコミ関係者に対して発送した招待状を持参した者及びその家族に対して交付していることから、①本件優待入場券の使用に係る費用の支出の相手方は、事業に関係のある者等といえる」。…と、こんなふうに、事業関係者に対する交付があったと認定して

---

[12]　東京高裁平成15年9月9日判決（判時1834号28頁）。評釈：山本守之・税務事例35巻11号54頁（2003年）等。

います。
　それから、「原告は、原告の特定の事業関係者に対し、本件優待入場券を無償交付していること、特にマスコミ関係者に対しては、家族共々無償で招待するとともに食事券まで交付して原告の遊園施設を利用させていることが認められるから、本件優待入場券の交付は、原告の事業と特に関係の深い者に対する謝礼の意であり、②本件優待入場券の使用に係る費用の支出の目的は、これらの者との親睦の度を密にして取引関係の円滑な進行を図るためであるといえる」と交付の目的も先ほどの要件に該当すると指摘していますね。
　そして、「原告は、原告の事業関係者に対し、本来有償である入場券を上記の目的をもって無償交付したところ、その交付は、これを受けた特定の得意先又はマスコミ関係者の歓心を買うとともに、これらの者に対するその利用による慰安のために行った接待又は贈答であるから、③本件優待入場券の使用に係る費用は、その支出の原因となる行為の形態が接待等に当たる」と、3つ目の要件にも該当するということです。
　だから、「本件優待入場券の使用に係る費用は、措置法61条の4第3項が規定する交際費等に当たる」ということのようです。

春香　支出はどうなるんですか？
山川　その点については、「交際費等とは、接待等のために支出するものであるから、本件優待入場券の使用に係る費用の支出の時期（接待等があったとき）は、本件優待入場券を現に使用したとき、すなわち、特定の事業関係者が原告の遊園施設を利用したときとなる。そうすると、本件優待入場券の使用に伴い原告が支出する交際費等の額は、本件優待入場券が使用されたことに伴い原告が支出したと認められる費用の額（原価）といえ」るんだそうです。
　そして、「原告の行う事業は、遊園施設に有料で入場させ、アトラクションの利用やショーの観覧などのサービスの提供を行うものであるところ、原告は、本件優待入場券による入場者と有償入場券による入場者との間に、遊園施設の利用に関して差異を設けることな

く、一律に同様のサービスを提供しているのであ」るから、「原告は、本件優待入場券による入場者に対しても費用を支出している」ということです。

そうすると、「本件優待入場券は、原告の発行している入場券のうちの一部であることから、本件優待入場券が使用されたときに支出される費用の額は、入場券売上げに対応する費用の額を算定することにより求めることができる」ということになります。

春香　まとめると…
①売上原価として施設の運営に係る費用は全入場者に対するものである。
②その総額から1人あたりの金額を計算して、優待入場券の入場者数を掛ければ、優待入場券に対して支出した費用の額がわかる。
③この費用の額が「交際費等」の3要件を満たす。
…ということですね。

山川　そうですね。なんか、そこまで計算して支出を認定するのか、って感じですよね。

3　原告の主張

春香　それに対する原告の主張は…「交際費等の損金不算入の制度趣旨は、法人の冗費、濫費を抑制して資本蓄積の充実等により企業基盤の強化を図ることにある。このことを踏まえ、措置法61条の4第3項は、交際費等を、交際費、接待費、機密費その他の費用で、法人がその事業に関係する者等に対する接待等のために支出するものをいうと定義し、接待等のために支出された費用でなければ、そもそも定義上、交際費等に該当しないことを明らかにしている」と交際費課税の趣旨や「交際費等」の定義との関係で主張していますね。

山川　そうですね。そして、「本件優待入場券による入場者数の割合は、総入場者の0.2パーセント程度にすぎ」ないから、これは、「電鉄会社における優待乗車券と同様に、原告が保有する遊園施設を余裕枠の範囲において有償入場券による入場者を排除することなく使用さ

春香　それから、「仮に原告が本件優待入場券の交付を廃止しても、原告の人件費、営業資材費、エンターテイメント・ショー制作費、業務委託費、販促活動費、ロイヤルティー及びその他の費用の支出は、本件優待入場券の作成に直接要した費用、すなわち本件優待入場券の製作、印刷費用を除いては、全く不変であ」って、これらの費用は、「本件優待入場券による入場者の存否にかかわらず、原告が施設を運営するためには否応なしに支出しなければならない不可欠の費用であり、本件優待入場券による入場者の接待等のために支出した費用ではない」と主張しています。つまり、「本件優待入場券の交付は、上記製作、印刷費用を除き、何らの金銭の出えんを伴わないのであるから、上記製作、印刷費用以外の費用は、そもそも交際費等に該当しない」ということですね。

山川　結局、「本件優待入場券に関しては、交際費等として課税をする余地がないのであり、被告が主張する諸費用は、原告が本件優待入場券による入場者に対する接待等の『ために支出する』費用にあたらないことは明白である」ということですね。特別な「支出」がないから、交際費等には該当しないってわけだ。

所長　「支出」があったといえるかどうかか、が大きな争点といえそうだね。

4　地裁判決

山川　そうですね。

春香　その「支出の有無」について、東京地裁平成21年7月31日判決[13]は、次のような判断をしています。

---

[13] 判時2066号16頁。評釈：大淵博義・税務事例43巻1号1頁（2011年）等。

> 原告が本件優待入場券を発行してこれを使用させていたことについては、原告の遂行する事業に関係のある企業及びマスコミ関係者等の特定の者に対し、その歓心を買って関係を良好なものとし原告の事業を円滑に遂行すべく、接待又は供応の趣旨でされたと認めるのが相当であり、これを使用して入場等をした者に対して役務を提供するに当たり原告が支出した上記の費用については、上記のような支出の相手方、支出の目的及び支出に係る行為の形態に照らし、措置法61条の4第3項の交際費等に当たると認めるのが相当である。

山川　3要件に該当するというわけですね。

春香　そうなんです。それに原告の主張についても、「例えば1日といった単位となる期間においてその対象となる者が相当の多数にわたりあらかじめその数を確定することが困難であることを踏まえ、一定の見込みに立って、それらの者に対して包括して特定の役務を提供することを事業とする法人が、当該役務を現に提供し、かつ、当該役務の提供を無償で受ける者がこれを有償で受ける者と別異の取扱いをされていない場合、当該役務の提供に要した費用は、当該役務の提供を受けた者との関係においては、これを無償で受けた者を含め、対象となった者全員に対する当該役務の提供のために支出されたとみるのが相当である」と指摘して、認めていません。

山川　それで、全費用から無料入場者分を算出して、それを「支出」とするということですね。

所長　そういうことだね。

5　高裁判決

春香　そこで原告は、「本件優待入場券に関して控訴人が何らかの費用を支出したとしても、それは広告宣伝又は販売促進を目的とするものであり、交際費等が支出されたとみる余地はない」という予備的主張を控訴審で追加しました。

山川　えっと、それで高裁判決は…東京高裁平成22年3月24日判決[14]です

ね。
春香　はい。高裁でも原告側の主張は斥けられています。
山川　「本件優待入場券のうち、本件役員扱い入場券の配布先には控訴人の広告宣伝又は販売促進との結びつきが考えにくい企業や個人が多く含まれており、パーク内での商品販売収入や飲食販売収入の促進を図ることを目的としたものとは言い難い。また、本件プレス関係入場券の配布先も控訴人の広告宣伝又は販売促進との結びつきが考えにくいマスコミの部署や役員、管理職が多く含まれており、広告宣伝を目的としたものとは言い難く、プレスファミリーデーも、マスコミ関係者の家族を招待するものである以上、本件プレス関係入場券により来場したマスコミ関係者やその家族の歓心を買うための企画といわざるを得ない」とされていますね。
春香　本件優待入場券を配付して使用させたのは、「特定の配布先に対する接待又は供応の趣旨によるものと認めるのが相当」と認定されて、広告宣伝または販売促進を目的とするものであったという予備的主張は採用されなかったわけですね。
山川　使用させた人のことは認定された事実だから仕方ないとはいえ、支出のほうはどうもすっきりしませんよね。
春香　そうですね。
所長　でも、最高裁は平成22年10月8日決定[15]で上告を棄却してしまった。
山川　ということは、高裁判決で確定ですね。

6　「支出」の有無

春香　結局、原告の主張は全く認められませんでしたね。
山川　そうなんですよね。
春香　優待券での入場者も一般の入場者も同じサービスを受けているのにね。

14　訟月58巻2号346頁。評釈：佐藤孝一・税務事例43巻9号7頁（2011年）等。
15　税資260号順号11529。

所長 　逆だよ、春香さん。それこそが、地裁が「支出」を認めているポイントなんだ。

春香 　…なるほど！　そうなんですね。

山川 　どういうことですか？

所長 　つまり、すべての経費としての支出は、すべての入場者のためのものなんだ。

春香 　だから、優待入場者分も含まれているということですよ。

所長 　そういうことだ。

春香 　そうすると、優待入場者分を算出できれば、それが優待入場者に対する「支出」といえるということになりますね。

山川 　そんなの、推計課税みたいですよ。

所長 　そのとおりだ。おそらく毎日の経費はあまり変わらないだろう。しかし、優待入場者数は日によって変わるだろうし、どんな施設を利用するかも変わるはずだ。

春香 　つまり、サービス内容と費用の額とが実際には結びつかないということですね。

山川 　交際費等の額を推計してもよい、なんて規定はないと思いますけど。

所長 　そうだね。そんな規定はない。

春香 　それに運営経費ということは固定費ですよね。

山川 　だから、接待等のために新たに「支出」したといえないと思います。

春香 　やっぱり、この判決おかしいですよ。

所長 　この理論によれば、もし春香さんと山川君が同じ給与の額とすると、山川君の給与には優待としての支出が含まれることになるかもな。

山川 　いや～、優待してもらえるんですか。うれしいですね。

春香 　山川さん、そうじゃなくて。労働に対する部分が少ないってことですよ。

山川 　えっ、そ…そうか。ひどいですよ、所長！　僕だってきちんと働いてますよ！

所長 　例えば、の話だよ。ははははは。

STUDY この判決から学ぶこと

- ☑ 交際費等の判断基準としては、①支出の相手方が事業に関係のある者等であること、②支出の目的が事業関係者等との間の親睦の度を密にして取引関係の円滑な進行を図るためであること、③支出の原因となる行為の形態が接待等であることの3要件を満たす必要がある。
- ☑ 接待等のための「新たな『支出』」がなくとも、これらの要件を満たす金額を経費から算出できれば、「交際費等」に該当することもある。

補論

　交際費等の該当要件については、以前は①支出の相手方が事業に関連する者であり、かつ②支出の目的が相手方との親睦を密にして取引関係の円滑な進行を図ることにある、という2つの基準が示されてきました（2要件説。東京地裁平成14年9月13日判決（税資252号順号9189)等）。しかし、本論でもふれたように東京高裁平成15年9月9日判決（判時1834号28頁）では、本判決でも用いられた3要件説が示されました。

　この事件は、製薬会社がその製造に係る医薬品を納入する病院等に勤務する医師等の英語論文の英文添削のための費用を負担したことが問題になりました。つまり、この事件では、英文添削の費用を一部負担しましたが、医師等に対して原告は、標準的な添削料を請求して徴収していました。そのため、医師等において経済的利益を受けている認識はありませんでした。原告は、このような認識がないことを根拠に、添削料を一部負担した金額は交際費等に該当しないと主張しました。

　しかし、地裁判決では、2要件を充足すれば足りるということで原告の主張は認められていません。それに対して高裁判決では、行為の態様に関する新たな要件を加えて、添削料の一部負担を交際費等に該当しないと判

断しました。

　この高裁判決を通じて、交際費等の該当要件は明確化を図られてきたと考えられます。しかし、本判決では、これまで問題になってこなかった「支出」の意義が争われたといえます。これについて、本判決は新たな支出でなくてもよいという判断を示しています。要件が明確になったとしても、その解釈が拡大され、交際費等の判断が不明確になることが懸念されるのではないでしょうか。

私の事件簿
重加算税か否か

中国・四国ブロック　垣内晴子

　私が税理士登録をしてまだ数か月しか経たない頃、相続税の調査の立会をすることになりました。私が勤めていた事務所の関与先法人の社長が亡くなり、相続税の申告は別の先生にお願いしていましたが、調査の立会は私がすることになったのです。

　調査は故社長の奥さまへの聴取りから始まり関係書類の確認へと移りました。調査官は保険証券の1枚1枚を丁寧に見ていき、そして1つの保険証券で手が止まりました。相続開始直後の日付で、契約者が故社長から奥さまへ名義変更されていたのです。それは「生命保険契約に関する権利」にあたり相続財産となりますが、相続税の申告書には記載されていませんでした。その保険証券をよく見ると契約者の名義は奥さまの名前で印字されており、一見契約者の変更があったとはわかりません。たった1行「〇年〇月〇日契約者変更」と印字されているだけでした。私が申告を担当したとしても見落としているかもしれない、そんな小さな但書きでした。

　「これは、隠ぺいにあたるかもしれません」

と調査官はいいました。私はドキッとして、

　「重加算税ですか」

と聞くと、

　「それもありますが、普通ですと配偶者の税額軽減が適用され、奥さまの税額はないのですが、その配偶者の税額軽減の適用ができなくなります」

と返ってきました。

　税理士試験から日が浅かったので、その言葉を聞いて相続税法19条の2第2項5号の「隠ぺい仮装の場合は配偶者の税額軽減の適用ができない」という定めが頭に浮かんできました。半分意味もわからずに暗記したあの条文はこういうことかと妙に納得したのでした。

「この保険証券も、申告を担当された先生には見せられましたよね？」
と私が奥さまに訪ねると、
「はい。すべて見せたと思います」
と、奥さまは答えました。
　保険会社の方は死亡保険金の手続の際に併せて他の保険契約の名義変更もされたのでしょう。その保険は税理士事務所が紹介した保険会社が契約しており、奥さまは税理士事務所も保険会社も信用してすべてを任せていらっしゃったので、何の手続かわからなくてもいわれるとおりにサインをしたことが容易に想像できました。
　しかしこのままでは『隠ぺい仮装』になってしまいます。あせった私は
「奥さまは隠すような方ではありません。保険のことは税理士事務所と保険会社の方にすべてお任せしていらっしゃいます。保険会社の方が死亡保険金の手続の際に併せて保険契約の名義変更の手続をされ、奥さまは何の手続かもよくわからずにサインをされたのだと思います。奥さまの性格上、これらの証券類はすべて申告をされた先生に見せられたはずです。名義変更を見逃してしまわれたのだと思います」
といってしまいました。
「それでも隠していたことに変わりはない」
「いや、意図的ではない」
　何度かそういう押し問答をしているうちに、そばでずっと黙ってそのやりとりを聞いていらした奥さまが、
「すべて主人に任せてきましたから、わからないことばかりで…。私が何も考えずにサインしてしまったのがいけないのです」
と泣き出してしまいました。
　その場にとても気まずい空気が流れました。そして、それ以降そのことについてのやりとりはせず、やがて、
「署に帰って検討します」
と、調査官は帰って行きました。
　結局「隠ぺい仮装」にはならず無事配偶者の税額軽減を適用することが

できましたが、私にはほっとしたような、でも少し苦い経験となりました。
　「生命保険契約に関する権利」は相続の際、現金が入金されるわけでもなく、ただ名義が変更されるだけなので一般の納税者の方にはわかりにくい相続財産です。私はこの一件を教訓に、以後相続税申告を受けた際は、よく説明をして理解していただくように努めています。
　そして「納税者のために」とがんばったことが、かえって奥さまを傷つけてしまったのかもしれない、という反省点も残りました。言葉をもっと選ぶべきだったのか、調査官との交渉は別の場ですべきだったのか…。いろいろ考えさせられた初めての調査でした。

第5話 法人税法はイジが悪い？

　経理担当者等が不正経理等して横領していた場合、横領金分の架空経費があれば、その金額は損金として認められなくなります。しかし、被害額が損金に算入されます。他方で、その被害に対する損害賠償金に係る債権が益金として認識されます。では、この益金はいつの時点で計上されるのでしょうか。今回はこの点が問題になった事例を紹介しましょう。

1　経理担当者の不正経理

山川　うわ～、ひどいな。
春香　山川さん、どうしたんですか？
山川　見てくださいよ、これ。会社の経理担当者が横領したんですって。
春香　それはひどいですね。その横領していたお金はやっぱり不正経理でもしていたのかしら。
山川　そうみたいですよ。架空経費が計上されていたようです。
所長　そういう企業の不祥事があると、それに関する課税問題も考えておかないといけないな。
春香　架空経費が損金不算入になりますね。
山川　じゃあ、さかのぼって税額が増えちゃうじゃないですか。横領された上に税金までなんてかわいそうですよ。
春香　大丈夫ですよ。被害額が損失として損金算入されますから。
山川　そうか。それならプラスマイナスゼロですね。
所長　おいおい。それだけで済むと思っているのかい。
春香　えっ！　何か見落としがありますか？
山川　わかった！　横領した経理担当者への所得税の問題ですね。

春香　なるほど。雑所得でよいのでしょうか。
山川　でも、対価性がないから一時所得かもしれませんよ。
所長　その点は、例えば社会福祉法人の理事長が横領した場合に給与所得として認定された事例があるよ[16]。
春香　そうなんですね。
山川　法人としては、給与を支払ったということになるんですか？
所長　法人と理事長が実質的に同一の者として意思決定を行うため、理事長の行為は法人の意思に基づくものであると評価されたようだ。
春香　そうすると、一般の経理担当者の場合には評価がまた変わりそうですね。
所長　その可能性もあるだろうね。ところで、横領被害にあった法人側での課税は考えないのかな。
山川　所長。さっきもいったように、プラスマイナスゼロで終わっているじゃないですか。
所長　やっぱり、まだわかっていないようだね。
山川　なんですか、所長。何かあるんですか？　教えてくださいよ〜。意地が悪いですよ。

2　損害賠償請求権の計上時期

春香　ちょっと待ってください。ひょっとして、横領金に対する損害賠償請求ができるということですか？
山川　いやいや。どうせ使い込んでいるから意味ないですよ。
春香　だから、請求をあきらめたときに所得税が問題になるのではないんでしょうか。
所長　そうなんだ。だから、法人側でまずは損害賠償請求債権を考えないといけないんだよ。さすがだね、春香さん。
山川　すみません。僕は気がつきませんでした。でも、債権だから益金に

---

[16]　大阪高裁平成15年8月27日判決、税資253号順号9416。評釈：酒井克彦・税務事例46巻5号1頁、同6号8頁（2014年）等。

算入されますね。
春香　そうなりますね。
所長　問題は、いつの益金として計上するかだよ。
山川　それは実際に請求したときでしょう。
春香　そんな単純な話ではないと思います。
山川　すみません。どうせ僕は単純なので…。
春香　山川さん、そんなにすねないで。
山川　は〜い。でも、単純ではない、というのはどういうことですか？
春香　だって、収益の計上時期については権利確定主義があるじゃないですか。
山川　？？？
所長　つまり、実際に請求する前に請求権という権利は確定しているだろう。
山川　そうか。では、いつの時点で確定しているんですか？
春香　それが問題ですね。おそらく、山川さんがいっていたように使い込んでいるでしょうから請求権はないのと変わらないと思いますし…。
所長　それは実際に行使できるかの話であって、権利が発生したり確定することには関係ないだろう。
山川　そうですね。
春香　この点について、何か判例がないか調べてみます。

3　東京地裁平成20年2月15日判決

春香　ありました。東京地裁平成20年2月15日判決です[17]。
山川　判決内容はどうなっていますか？
所長　その前に当事者の主張を確認してはどうかね。
春香　はい。原告は、「益金に算入すべき収益の発生如何は、その権利の性質、内容、権利発生の具体的事情等に基づき、経済的実質的観点から納税者に担税力の増加があったといえるか否かによって判断さ

---

[17]　判時2005号3頁。評釈：田中治・税務事例研究137号38頁（2014年）等。

れるべきであるところ、犯罪者に対する損害賠償請求権は、①加害者がその額等について争う場合が多く、②加害者の無資力により回収可能性が類型的に極めて低く、③その犯罪行為が発覚するまでの間、法人が権利を行使し現実に損失を回復させることを到底見込めないものであるから、当該事業年度において、加害者が損害額について争わずに債務を承認し、かつ、十分な資力を有しているなどの特段の事由がない限り、これを益金に計上すべきではない」と主張しています。

山川　ほら、やっぱり同じですよ。どうせ使い込んでいて、回収できないんだから、初めから益金として計上しなければいいんですよ。

春香　でも、被告は、「詐取行為により損害を被った法人は、損害発生と同時に、かつ、法律上当然に加害者に対する損害額と同額の損害賠償請求権を取得するのであるから、同損害賠償請求権の同一事業年度中の実現が事実上不可能であると客観的に認められない限りは、同損害賠償請求権を、当該法人の資産を増加させたものとして、同法人の法人税の計算上、損害を生じた事業年度と同じ事業年度の益金に含めるべきである（最高裁昭和43年10月17日第一小法廷判決・裁判集民事92号607頁参照）」と主張していますよ。

山川　損害の発生と同時ですって!?　そんなバカな。

所長　何がおかしいのかな。

山川　だって、せっかく架空経費の損金不算入を被害額の損金算入で相殺したのに、損害賠償請求権を益金に計上したら意味がなくなっちゃうじゃないですか。

所長　しかし、損害賠償金の請求権は実際に発生しているんだからね。

山川　でも、やっぱりおかしいと思います。判決はどうなっているんですか。

春香　はい。判決では、「法人税法上、内国法人の各事業年度の所得の金額の計算上当該事業年度の益金の額に算入すべき金額は、別段の定めがあるものを除き、資本等取引以外の取引に係る当該事業年度の収益の額とするものとされ（22条2項）、当該事業年度の収益の額

は、一般に公正妥当と認められる会計処理の基準に従って計算すべきものとされている（同条4項）。したがって、ある収益をどの事業年度に計上すべきかは、一般に公正妥当と認められる会計処理の基準に従うべきであり、これによれば、収益は、その実現があった時、すなわち、その収入すべき権利が確定した時の属する事業年度の益金に計上すべきものと考えられる（最高裁平成5年11月25日第一小法廷判決・民集47巻9号5278頁参照）」と述べています。

山川　そんなの当り前じゃないですか。

春香　でも、損害賠償請求権について企業会計に定めなんてありましたっけ？

山川　そういわれてみれば、そうですね。判決はどういっているんですか？

春香　続きを読みます。「もっとも、企業会計における収益認識の基本原則とされている実現原則、すなわち財貨やサービスが実際に市場で取引されたときに収益があったと認識する原則は、収益計上の確実性及び客観性を確保するための原則であるとされており、また、法人税に係る所得の金額の計算上益金の額に算入すべき収益の額は、そこから生じる経済的利益に担税力があること、すなわち、当該利益に現実的な処分可能性のあることが必要であると考えられることからすると、収益に係る権利の確定時期に関する会計処理を、純粋に法律的視点から、どの時点で権利の行使が可能となるかという基準を唯一の基準としてしなければならないと考えるのは相当ではなく、現実的な処分可能性のある経済的利益を取得することが客観的かつ確実なものとなったかどうかという観点を加えて、権利の確定時期を判定することが、一般に公正妥当と認められる会計処理の基準に適合するものというべきである」だそうです。

山川　実現原則に立つけれど、経済的利益の獲得が客観的かつ確実なものとなった時点で判断しようというわけですね。そうすると、損害賠償請求権は？

春香　もう、自分で読んでくださいよ。

山川　は～い。どれどれ。…「一般に、詐欺等の犯罪行為によって法人の

被った損害の賠償請求権についても、その法人の有する通常の金銭債権と同様に、その権利が確定した時の属する事業年度の益金に計上すべきものと考えられるが、不法行為による損害賠償請求権の場合には、その不法行為時に客観的には権利が発生するとしても、不法行為が秘密裏に行われた場合などには被害者側が損害発生や加害者を知らないことが多く、被害者側が損害発生や加害者を知らなければ、権利が発生していてもこれを直ちに行使することは事実上不可能である。この点、民法上、一般の債権の消滅時効の起算点を、権利を行使することができる時としている（166条1項）のに対し、不法行為による損害賠償請求権については、これを、被害者又はその法定代理人が損害及び加害者を知った時としている（724条）のも、上記のような不法行為による損害賠償請求権の特殊性を考慮したものと解される。このように、権利が法律上発生していても、その行使が事実上不可能であれば、これによって現実的な処分可能性のある経済的利益を客観的かつ確実に取得したとはいえないから、不法行為による損害賠償請求権は、その行使が事実上可能となった時、すなわち、被害者である法人（具体的には当該法人の代表機関）が損害及び加害者を知った時に、権利が確定したものとして、その時期の属する事業年度の益金に計上すべきものと解するのが相当である」とのことです。

春香　つまり、損害発生時に請求権も発生しているけれど、犯罪行為は知らないうちにされていて、犯罪を知らない限り請求権も行使できないし、民法もそのことを予定した規定になっているのだから、犯罪を知ったときなど権利行使が可能になった時点で計上すべきということですね。

山川　それなら、実際に行使できる金額と合わせて考えられるからいいですね。

所長　そうだね。こういう考え方を異時両建説というんだよ。ただし…。

山川　ただし、なんですか？　所長。

春香　ただし、これは地裁判決で、高裁判決が…、というパターンですね。

所長　そうなんだ。

山川　え〜っ！

4　東京高裁平成21年2月18日判決

春香　東京高裁平成21年2月18日判決ですね[18]。

山川　どういう理由で、異時両建説を否定しているんでしょうか？

春香　はい。権利確定主義によって判断するという前提を確認した上で、「ここでいう権利の確定とは、権利の発生とは同一ではなく、権利発生後一定の事情が加わって権利実現の可能性を客観的に認識することができるようになることを意味するものと解すべきである」と述べています。

山川　なんだ、心配したけど、発生しただけじゃ計上しなくていいというなら安心だ。

春香　そうではありませんよ、山川さん。「本件のような不法行為による損害賠償請求権については、通常、損失が発生した時には損害賠償請求権も発生、確定しているから、これらを同時に損金と益金とに計上するのが原則であると考えられる（不法行為による損失の発生と損害賠償請求権の発生、確定はいわば表裏の関係にあるといえるのである。）」と判示していますから。

山川　やっぱりか…。「損失の発生と同時に損害賠償請求権を計上」なのかあ。

所長　これが「同時両建説」という考え方だよ。

山川　でも、地裁が認めていたような損害自体を知らないという点はどうなるんですか？

春香　その点については、「もっとも、本件のような不法行為による損害賠償請求権については、例えば加害者を知ることが困難であるとか、権利内容を把握することが困難なため、直ちには権利行使（権利の

18　裁判所ウェブサイト・訟月56巻5号1644頁。評釈：増田英敏・税務弘報61巻4号56頁（2012年）等。

実現）を期待することができないような場合があり得るところである。このような場合には、権利（損害賠償請求権）が法的には発生しているといえるが、未だ権利実現の可能性を客観的に認識することができるとはいえないといえるから、当該事業年度の益金に計上すべきであるとはいえないというべきである」と認めています。

そして、「このような場合には、当該事業年度に、損失については損金計上するが、損害賠償請求権は益金に計上しない取扱いをすることが許されるのである（法人税基本通達2-1-43が、「他の者から支払を受ける損害賠償金（中略）の額は、その支払を受けるべきことが確定した日の属する事業年度の益金の額に算入するのであるが、法人がその損害賠償金の額について実際に支払を受けた日の属する事業年度の益金の額に算入している場合には、これを認める。」と規定し、損失の計上時期と益金としての損害賠償金請求権の計上時期を切り離す運用を認めているのも、基本的には、第三者による不法行為等に基づく損害賠償請求権については、その行使を期待することが困難な事例が往々にしてみられることに着目した趣旨のものであると解するのが相当である。）」と述べています。

山川　じゃあ、本件もこのような場合に該当するってわけですよね。
所長　いいなあ、山川君は楽観的で…。
山川　どういうことですか、所長？
春香　だって、「ただし、この判断は、税負担の公平や法的安定性の観点からして客観的にされるべきものであるから、通常人を基準にして、権利（損害賠償請求権）の存在・内容等を把握し得ず、権利行使が期待できないといえるような客観的状況にあったかどうかという観点から判断していくべきである。不法行為が行われた時点が属する事業年度当時ないし納税申告時に納税者がどういう認識でいたか（納税者の主観）は問題とすべきでない」といわれているんですよ。
山川　でも、普通に考えて権利行使なんて期待できないじゃないですか。
所長　では、本件へのあてはめを見てみるといい。
山川　わかりました、見てみます。えっと…「乙〔原告・被控訴人の経理

部長：筆者注〕は、被控訴人の経理担当取締役らに秘して本件詐取行為をしたものであり、被控訴人の取締役らは当時本件詐取行為を認識していなかったものではあるが、本件詐取行為は、経理担当取締役が本件預金口座からの払戻し及び外注先への振込み依頼について決裁する際に乙が持参した正規の振込依頼書をチェックしさえすれば容易に発覚するものであった」だそうです。

それから、「決算期等において、会計資料として保管されていた請求書と外注費として支払った金額とを照合すれば、容易に発覚したものである」と述べています。そうすると、「通常人を基準とすると、本件各事業年度当時において、本件損害賠償請求権につき、その存在、内容等を把握できず、権利行使を期待できないような客観的状況にあったということは到底できないというべきである」ですって！ そんな〜。

春香　つまり、ちゃんとチェックしていれば見つけられたから、被害も把握できて、請求もできたはずだ、ということですね。

山川　経理担当者に任せるのが普通でしょう？ 本当に裁判官は世間知らずなんだから！
春香　そうはいっても…。
所長　でも、地裁も高裁も、通常の債権とは異なり、損害賠償請求権については異時両建が認められる可能性を示しているだろう。
春香　そうですね。
所長　それはとても重要な点だと思うよ。
山川　それはそうかもしれませんが…。基本的に同時両建じゃ、あまりにも…。

5　地裁と高裁の判断の差

春香　でも、なんで同じような前提なのに地裁と高裁で結論に差が生じたのでしょうか。
山川　そうですね。そこがよくわかりませんよ…。
所長　地裁は、会社が知っていたかという会社の事情を考慮したのだと思う。
春香　それに対して、高裁では一般的に、というか客観的に判断した、ということですか。
山川　会社の主観的事情による判断か、客観的判断かの違いですか。
所長　うん、そこに違いがあると思うよ。
春香　でも、損害の認識なんて当事者の主観的事情でしかないと思うんですけどね。
所長　たしかにそうだね。民法も、当事者の認識をもとに消滅時効の起算点を変えているからね。
春香　地裁は、その点を考慮したわけですね。
山川　それに対して高裁は…。なんだか、前段階ではいいことをいっているように見せて、結局は当事者の主観的事情を客観的に考慮するなんて変ですね。
春香　それが法人税法の権利確定主義の考えという理解なのでしょう。
山川　裁判所も法人税法も意地が悪いですね。

所長　そうなんだよ、山川君。異時が悪いんだ、同時でないとね。うまいこというようになったな。
山川　はぁ…いや、それほどでも…。
春香　所長…。

STUDY この判決から学ぶこと

- ☑ 不正経理等によって横領が行われていた場合、架空経費等で計上されていた金額は損金不算入となり、それに合わせて被害額が損金算入となる。
- ☑ 犯罪行為による被害に対する損害賠償請求権は、権利確定主義に基づき、その被害の発生と同時に益金に算入されることになる（同時両建説）。
- ☑ ただし、客観的にみて当該被害の発生を知りうることが困難な事情が認められる場合には、損害の発生を知ったとき等に益金計上することが認められる（異時両建説）。

補論

　　従業員による横領等の場合、客観的事情が認められれば、異時両建が認められる可能性も考えられます。その場合には、法人税基本通達2-1-43に該当するかの判断が必要になります。

【法人税基本通達2-1-43】
他の者から支払を受ける損害賠償金（債務の履行遅滞による損害金を含む。以下2-1-43において同じ。）の額は、その支払を受けるべきことが確定した日の属する事業年度の益金の額に算入するのであるが、法人がその損害賠償金の額につ

> いて実際に支払を受けた日の属する事業年度の益金の額に算入している場合には、これを認める。

　具体的には、この通達における「他の者」に該当するか、という点についての判断です。従業員等は法人内部のものですので、第三者である「他の者」に該当するかが問題になります。そして、この点については広島地裁平成25年1月15日判決（裁判所ウェブサイト）があります。この判決においては、法人の役員や従業員等内部の者については、相手方の身元や損害の金額その他権利の内容、範囲が把握しやすかったり、法人自身による行為なのか、法人の役員等による個人的な行為なのか峻別しにくい場合があるため、本件通達は、「『他の者』との限定を付して、上記の不法行為の相手方の身元や損害の金額その他権利の内容、範囲が明らかでないことが多いという一般論の妥当する法人内部の者以外の者に限り、一律に支払を受けた時期を基準として益金算入日を決することを許容することとした」と示しています。その上で、本件通達の「他の者」には、法人内部の者は含まれないと判断しています。

　この判決では、「他の者」についての判断も客観的な状況に照らして考えようという姿勢がうかがえます。このような判断からも、異時両建が認められる場合というのは極めて限定的な場合になると思われます。

私の事件簿
社員と外注の違いは？

関東信越ブロック　岸 生子

　以前、A社のB役員から「社員を雇用契約から請負契約に変えても大丈夫ですか？」と相談がありました。会社の都合だけではなく多数の社員からの要望だそうです。
　A社では、社員（雇用契約）と外注（請負契約）が同じ仕事をしています。「給料から社会保険料や源泉所得税を引かれると手取りが減る」、「社会保険は必要」、「自分で請求書を作成して確定申告するのは面倒」、「自分の趣味や旅行に時間を使いたい」等と、社員たちはいいます。A社にも、「社会保険料の負担が大きい」、「給料計算や年末調整が大変」、「外注なら仕事のあるときだけ頼める」、「外注費は消費税の課税仕入になる」等の言い分があります。
　そもそも、雇用契約とは、労働者が使用者に対して労働することを約束し、使用者はその労働に対して給与の支払を約束する契約です。請負契約は、一方がある仕事を完成させることを約束し、その相手方がその仕事の結果について報酬の支払を約束する契約です。
　しかし、海外とのテレビ会議ができる、出社しないで好きな場所で仕事をする、長期の育児休暇をとる、趣味や家族を大切にしながら働く等、最近は様々な働き方があります。終身雇用や年功序列は過去のものとなり、仕事の成果を上げる、時間より結果を求めるといった傾向が強くなると、雇用契約と請負契約の区別が難しくなります。
　このように雇用と請負契約の違いを説明した上で、外注でも可能な仕事内容か確認し、外注契約書を作成すること、本人が請求書を発行し必ず確定申告をすること、A社以外の仕事をすることにA社の同意は必要ないこと、道具は本人のものを使用すること等の条件を挙げました。
　相談してきたB役員が亡くなって数年たって、税務署から「源泉所得

税の調査をしたい」と電話がありました。

調査では、外注契約書の有無、仕事の内容、報酬の決め方、請求書の作成、確定申告しているか等社員と外注の違いが問題になりました。そして、書類はあるものの、社員と外注が同じ仕事をしている、報酬はどちらも時間で計算している、請求書は作成しているが確定申告は外注の90％がしていないことが明らかになってきました。「確定申告していないのが致命的ですね」「A社でそこまで管理していなかったのですか？」といわれても、反論できません。専用の机の有無、文房具や仕事に使う道具、タイムカード、休暇、指揮系統等、社員と外注の違いはほとんど見当たりません。

経理担当者からは、「もし外注費ではなく給料だということになると、どれくらいの税金がかかるのか？」と悲鳴が上がりました。すべての外注から今になって数年分の源泉所得税を預かることは不可能です。課税仕入として消費税も計算しています。

そのころには、社員よりも外注が多くなっていました。なかには、外注のグループがプロジェクトをまかされているという、もはや本来の外注（社外に仕事を出す）にあたるものもあります。

夏に始まった税務調査の結論が出ないまま年を越し、2月になってやっと税務署から提案がありました。外注は「保険外交員の扱いにしましょう」とのことです。給与ではなく、所得税法204条1項4号に規定する事業所得とし、所得税を源泉徴収するよういわれました。消費税は課税仕入のままです。過去3年分の源泉所得税をとりあえずA社が負担することで決着がつきました。

雇用か請負かはっきりさせないまま、A社の負担を考えて両者の間をとったような税務署の結論に、私は納得できません。いっそのこと、社員の給与も外注の報酬も同じ事業所得として所得税を源泉徴収し、全員が確定申告する、そして消費税を課税することにしたらよいのではないかと思いました。

第6話 破産しても税は払う？
―破産財団の消費税納税義務―

　会社が破産宣告を受けると、破産管財人が破産財団に属する財産を換価処分します。この処分についての消費税は誰が納税義務を負うのでしょうか。今回は、この点について問題になった事例を取り上げましょう。

1　破産と税金

山川　なんだか、よくわからないな～。

春香　どうしたんですか、山川さん？

所長　ほら、顧問先のA社があるでしょ。あそこの取引先が先日破産したんですよ。それで、破産に関する課税問題について勉強していたんです。

所長　ほぅ、山川君が自主的に勉強とは。

山川　所長、僕だって税理士ですから、自主的に勉強しますよ。

所長　そうだな、失礼。ともあれ、感心なことだ。

春香　で、何がわからないんですか？

山川　そうだった。会社や個人が破産宣告を受けると、その破産者が所有していた財産は破産財団になりますよね。

春香　そうですね。それを破産管財人が換価処分しますね。

山川　はい。そのとき破産会社には法人税、個人の場合には所得税が問題になります。

春香　そのとおりだと思います。何が問題なんですか？

山川　いや、このとき消費税が問題になるじゃないですか。

春香　そうですね。

山川　破産管財人には破産会社の法人税について予納申告の義務があることは判例[19]で確認されていますよね。

所長　ほぅ、そこまで勉強しているのか。

春香　そうなんですね。そうすると、消費税についても破産管財人に申告や納税の義務が課される、ということですか。

山川　いや、それがどうも違うようなんです。

春香　違うんですか？

2　争点と当事者の主張

山川　その点が争われた事例[20]を見ているんです。

春香　当事者はそれぞれどういう主張をしているのですか？

山川　課税庁は、さっき春香さんがいったような考え方なんです。福井地裁平成19年9月12日判決での被告の主張をもう少し詳しく見てみますね。

「破産者が破産宣告時に有する一切の財産が破産財団となり（旧破産法6条1項）、破産財団の管理処分権が破産管財人に専属するところ（旧破産法7条）、破産法は、破産者について破産財団に属する財産の管理処分権を失わせただけであり、所有権まで失わせたものではないから、破産財団に属する財産の所有権は破産宣告後も依然として破産者に帰属し、その管理処分権を有する破産管財人が行った破産財団の換価処分の効果は破産者に帰属する。そして、事業者である法人が行う課税資産の譲渡等には当然に消費税等が課税され、破産管財人が破産財団に属する財産の換価処分を行った場合、その換価処分が消費税法上の課税資産の譲渡等に該当するときは、当該課税資産の譲渡等に対して消費税等が課される。破産財団に属

19　最高裁平成4年10月20日判決（裁判所ウェブサイト・判時1439号120頁）。評釈：山田二郎・判時1461号178頁（1993年）等。
20　名古屋高裁金沢支部平成20年6月16日判決（訟月55巻9号3005頁）、評釈：長屋憲一・税務事例41巻1号14頁（2009年）等、福井地裁平成19年9月12日判決（金法1827号46頁）、評釈：野田秀三・税理51巻7号77頁（2008年）等。

する財産について破産者に納税義務があるとしても、破産法の規定に基づき、破産財団に属する財産に対する管理処分権が破産管財人に専属し、申告納税義務の履行は破産財団の管理処分の一環と解されるから、破産管財人に破産者の納税申告及び納付の義務があるというべきである」ということです。

春香 つまり、破産財団になっても所有権は破産者にあって、処分をすれば本来消費税が課されるから、処分権限を持つ破産管財人が消費税の納税義務を負う、ということですね。

山川 そうですね。

春香 原告はどう主張しているんですか？

山川 原告は、「そもそも、破産財団は、法律の規定によって法人格を与えられた法人ではないが、破産法の解釈として、破産宣告により、破産的清算という目的のために、法律上当然に成立し、破産手続の終了によって消滅する一時的な法人であり、破産者とは別個独立の法人ないし法人に準ずるものであると解され、破産管財人は、この破産財団という法人の代表機関としての地位及び権限を有するというべきである」と述べています。これは、破産財団代表説という考え方で、破産財団が一種の法人のように考えられています。

春香 そうすると、財産に関する権利、義務は財団に帰属することになりますね。

山川 そうですね。原告は、これについて、「破産管財人は、破産財団が破産者とは別個の第三者的地位にあるものとして破産財団の拡充を図ることが可能であること、破産財団が破産者に対して損害賠償請求権を持ち得ること、法人税法や消費税法が法人格のない社団や財団を当該税法の適用場面においてのみ法人として扱うみなし規定（法3条、2条7号、法人税法3条、2条8号）を置いていることなども、破産財団が破産者の権利の客体ではなく、独立の法人格を有することの根拠であると考えられる」と指摘しています。

その上で、「破産財団は、税法上の課税関係においても、破産者とは別個独立の納税主体であると理解すべき」であると述べています。

だから、「破産管財人が管理処分権の一環として破産財団に属する財産を換価した場合の消費税の申告納付義務は破産財団が負い、破産管財人が破産財団の代表者として申告納税を行う義務を負う」ということになります。
　　　しかし、「破産管財人が破産財団から放棄して破産法人に管理処分権が復帰した自由財産につき、清算人が清算事務の一環として換価処分を行った場合の消費税の課税関係は、破産者が当該資産をいくらで換価処分したかを職務上知り得る立場にない破産管財人に申告納税の義務があると解することは困難であり、破産法人の代表者である清算人に申告納税義務があると解すべきである」と主張しています。
春香　どういうことです？
山川　つまり、破産財団は一種の法人だから、破産者とは別の存在として納税義務を負うということですね。だから、破産財団に属する財産を換価したときは、その代表者として管財人が申告、納税義務を負うわけです。でも、破産財団から放棄されて破産会社に管理処分権が復帰した自由財産については、破産会社の代表者である清算人に申告、納税義務があるということです。
春香　ということは、結局は破産管財人に納税義務が課されるのだから同じではないんですか？
山川　いや、別の法人ということになると、破産によって新規に設立されたことになります。
春香　設立後 2 年間は基準期間がないから納税義務がない、ということですね。
山川　そうなんです。
春香　でも原告の主張だと、法人税法上も破産財団は独立して扱われるんですよね。そうなると判例とは違いますね…。
山川　だから、被告もその点を次のように主張しています。「法人は、法の規定によらずには成立せず、消費税法及び破産法において破産財団を法人とする旨の規定は存しない。消費税法においても、法人税

法と同様、破産清算の場合を適用除外とする明文の規定がなく、消費税法の適用に関して、特段異なる取扱いをする規定が存せず、破産財団が納税主体であることを認め、あるいはこれを前提とする実体規定や手続規定は存在しない」というわけです。

春香　なるほど。

山川　それで、むしろ「消費税法45条4項に『清算中の法人』につき消費税を課す旨の規定があることなどから、消費税の納税主体は破産財団ではなく、破産法人に消費税の申告納税義務があるというべきである」ということなんです。これを「管理機構人格説」というようです。

春香　たしかに、破産財団の法人格を認める規定はありませんね。で、判決はどうなんですか？

3　地裁判決

山川　地裁判決は、破産財団の法的性格については「いずれの主張を前提としても、破産管財人が破産財団に属する財産の換価を行い当該換価が消費税法の課税要件をみたす場合、その消費税は『破産財団ニ関シテ生シタルモノ』にあたり、財団債権（旧破産法47条2号但書）となるので、結論として、破産管財人が、その申告納税義務を負うことになる（旧破産法49条）」と結論は同じということを示しています。

春香　そうですね。破産財団に属する財産については、被告も原告も同じ結論ですね。

所長　でも、本質的には違うんじゃないか？　原告の主張によれば、破産財団が独自に納税義務を負うのに対して、被告は破産者が負う納税義務を管理処分の一環として行うにすぎないと主張しているのだから。

山川　さすが、所長。そうなんです。そこで違いが生じてくるようなんです。

春香　どういうことですか？

山川　消費税の納税義務者は「事業者」じゃないですか？

春香　そうですね。
山川　「事業者」は、個人事業者と「法人」に加えて、「人格のない社団等」ですよね。
春香　そうか。破産財団が「人格のない社団等」に該当して、「事業者」になるなら、破産会社とは別の存在として扱われるんですね。
山川　そういうことです。そして、新規設立だから、基準期間がなく納税義務もなくなる、ということになります。
春香　なるほど。で、どう判断されているんですか？
山川　はい。「ここで消費税の課税対象となりうるのは、現有財団としての破産財団に属する財産の換価行為であると考えられるところ、現有財団は上記のとおりその構成内容が流動的ではあるものの、現実に破産管財人の管理下に置かれているのであるからその範囲は明確であり、破産者の管理処分権が及ばない破産者から独立した財産の集合体であるといえる。
　　　また、破産財団の管理処分権は破産管財人に存するのであるから、その管理体制は破産者を離れて確立されているといえる。
　　　さらに、破産管財人は、破産債権者の公平な利益を追求することを最大の使命としつつ、破産者の再生や公益的な見地に立って活動することをも期待されているのであり、破産財団は、このような破産管財人に管理処分権を掌握されているのであるから、破産財団は、破産者自身の利害得失を超えた複合的な目的を持って活動する社会的実体をそなえたものといえる」と指摘しています。つまり、「破産財団は、権利能力なき財団に当たるといえるので、消費税法上もまた『人格のない財団』に当たる」ということです。
春香　じゃあ、原告の主張が認められたわけですね。
山川　そうですね。でも、高裁判決があるんです。
春香　高裁判決では原告の敗訴なんですか？
山川　はい。
春香　どういう理由で、地裁判決が覆されたんですか？

4　高裁判決

山川　高裁判決では、「破産者は、あくまで破産財団の管理処分権を喪失するにすぎず、その財産の帰属主体たる地位や所有権を喪失するものではなく、破産手続終了後に残余財産が存在すれば、その管理処分権を回復するし、破産管財人の行った換価処分の効果は、すべて破産者に帰属するというべきである」ということで、破産財団の独自性が否定されました。その理由の概要をまとめると次のようになります。

図表　名古屋高裁金沢支部平成20年6月16日判決のポイント

①	旧破産法4条は、解散した法人は破産の目的の範囲内で存続したものとみなす旨規定しており、法人が破産すると解散となり清算が行われるが、解散と同時に法人格が消滅すると、清算手続中の権利義務の帰属主体が欠けてしまうため、解散した法人も、破産の目的の範囲内でその存続を認めたものであり、破産者が破産手続中も破産財団の帰属主体たる地位や所有権を喪失するものでないことを前提とした規定と考えられる
②	消費税法45条4項は、「清算中の法人」の残余財産が確定した場合には当該法人に消費税を課す旨を規定しているところ、破産は一種の清算手続であるから、破産法人が「清算中の法人」に該当し、消費税の納税義務者は、破産財団ではなく破産法人であると考えられる
③	最高裁昭和43年判決は、破産宣告後に破産財団に属する財産が別除権の行使により競売され、その譲渡所得に課せられた所得税について、この所得が破産者の所得であることを前提に、所得税が一暦年内の個人の総所得金額について個人的事由に基づく諸控除を行う人的税であることを根拠に、破産財団に関して生じたる請求権にあたらない旨判示したものであり、その納税義務者を、破産財団ではなく破産者としている
④	所得税法9条1項10号は、「資力を喪失して債務を弁済することが著しく困難である場合における国税通則法第2条第10号に規定する強制換価手続による資産の譲渡による所得」を非課税所得と規定しているから、所得税法は、破産手続による資産の譲渡による所得は、当該破産者の所得であることを前提として、その担税能力に鑑み、これを非課税所得とする旨規定していると考えられる
⑤	法人税法は、解散の場合の清算所得に対する法人税を規定し、破産清算の場合につき適用除外とする規定を設けていないから、破産法人を納税義務者としているものと解される
⑥	最高裁昭和62年判決は、破産法人に法人税法102条、105条の適用があることを前提とするものであるし、最高裁平成4年判決は、破産法人にこれらの規定の適用がある旨判示している

春香　この判断は、破産財団が「人格のない社団等」に該当しないことを前提にしていますね。

山川　そうですね。

春香　「人格のない社団等」の要件についてはどう判断されているんですか？

山川　「権利能力なき財団の成立要件は、①目的財産の分離独立と、②当該財産の管理運営体制の確立、すなわち、その財産の管理人・管理機関への帰属であると解される」と示されています。これを踏まえて、先ほどの「破産者は、その財産の帰属主体たる地位や破産財団の所有権を喪失するものではなく、破産管財人は単にその管理処分権を有するにすぎないし、その行為の効果も、すべて破産者に帰属し、破産財団自体に帰属するものではないから、破産財団は、権利能力なき財団の成立要件を満たさない」という判断のようです。

所長　地裁判決よりも、成立要件をきちんと検討しているように思えるね。

春香　そうですね。

山川　そうなんですよ。この点では、高裁判決のほうが納得しやすいんですけどね…。

5　消費税の性格

春香　他にも何かあるんですか？

山川　高裁は、「仮に、破産財団は破産法人とは別の権利主体であり『事業者』にあたると解すると、破産宣告から2年間は消費税の基準期間がないため、消費税の納税義務を負わないことになる（法9条1項、2条1項14号）。そうすると、破産管財人が破産財団に属する財産を換価した際に譲受人から受領したものと取り扱われる消費税額分（法28条1項参照）は、破産債権者に対する配当原資に充てられることになるが、上記の消費税額分は、破産財団に属する財産の譲受人からの預り金にすぎず、本来、国に納付すべきものであるから、これが破産債権者への配当に充てられる結果となるのは、消費税法の趣旨・目的に反し相当でないことが明らかである」といっている

んです。
春香　「事業者」に該当すると基準期間がないために免税事業者になることが、消費税法の趣旨・目的に反するという点ですか？
山川　いや、消費税が「預り金」だという点ですよ。
春香　なるほど、消費税の性格が問題なんですね。
山川　そうなんですよ。
所長　山川君、鋭いね。
春香　たしかに、消費税相当額は対価の一部であって、「預り金」といえるのかは疑問ですね。
山川　そうなんです。高裁判決は、消費税が「預り金」ということを前提に判断しているように思えるんです。
春香　ということは、今度は消費税の性格が問題になりますね。
山川　ところが、上告は不受理[21]になっているんです。

21　最高裁平成22年3月30日決定（税資260号順号11410）。

春香　この点についての最高裁の判断はなし、ということですか。
山川　破産財団の法的性格は高裁判決が妥当なように思うんですけど、消費税の性格については納得できないんです。
所長　だから、「よくわからない」か。
春香　すごく複雑な問題ですね。
所長　山川君、今回はしっかり勉強していたね。
春香　本当に！　すごいですね。
山川　ありがとうございます。
所長　これで、いつ破産しても大丈夫だな。
山川　えっ!?　どういうことです？　所長、見捨てないでくださいよ〜。

STUDY この判決から学ぶこと

- ☑ 権利能力なき財団の成立要件は、①目的財産の分離独立と、②当該財産の管理運営体制の確立である。
- ☑ 破産財団は、「権利能力なき財団」、「人格なき社団等」に該当せず、消費税法上の「事業者」にも該当しない。
- ☑ 破産者は、あくまで破産財団の管理処分権を喪失するにすぎず、破産管財人の行った換価処分の効果は、すべて破産者に帰属する。そのため、納税義務も破産者に生じる。そして、破産管財人は、破産者が負う納税義務を管理処分の一環として行うにすぎない。

補論　破産をめぐっては、破産会社の従業員等に対して残余財産から行った配当及び破産管財人の報酬について、破産管財人が源泉徴収義務を負うか、という問題もあります。これについては、最高裁平成23年1月14日判決（判

時2105号3頁）があります。

　このなかで、破産管財人の報酬については、それが「破産財団を責任財産として、破産管財人が、自ら行った管財業務の対価として、自らその支払をしてこれを受けるのであるから、弁護士である破産管財人は、その報酬につき、所得税法204条1項にいう『支払をする者』に当たり、同項2号の規定に基づき、自らの報酬の支払の際にその報酬について所得税を徴収し、これを国に納付する義務を負うと解するのが相当である」として、源泉徴収義務が肯定されています。

　これに対して、配当に関しては、以下のように示しています。

> 　破産管財人は、破産手続を適正かつ公平に遂行するために、破産者から独立した地位を与えられて、法令上定められた職務の遂行に当たる者であり、破産者が雇用していた労働者との間において、破産宣告前の雇用関係に関し直接の債権債務関係に立つものではなく、破産債権である上記雇用関係に基づく退職手当等の債権に対して配当をする場合も、これを破産手続上の職務の遂行として行うのであるから、このような破産管財人と上記労働者との間に、使用者と労働者との関係に準ずるような特に密接な関係があるということはできない。
> 　また、破産管財人は、破産財団の管理処分権を破産者から承継するが（旧破産法7条）、破産宣告前の雇用関係に基づく退職手当等の支払に関し、その支払の際に所得税の源泉徴収をすべき者としての地位を破産者から当然に承継すると解すべき法令上の根拠は存しない。そうすると、破産管財人は、上記退職手当等につき、所得税法199条にいう『支払をする者』に含まれず、破産債権である上記退職手当等の債権に対する配当の際にその退職手当等について所得税を徴収し、これを国に納付する義務を負うものではないと解するのが相当である。

　このように、源泉徴収義務を否定しています。

　この判決では、破産財団から独自に管財人の業務に対する「支払」があり、破産宣告前の破産者の雇用関係に基づく配当の支払を管財人が管理処分の一環として行うものではないと解されているようにも読めます。これは本論での判決と異なる考え方とも解されますので、破産財団の法的性格についての検討が必要なように思われます。

私の事件簿
買換特例も相続される

大阪ブロック　北野幸子

　年が改まってしばらくしたある日、甲さんから「相続によって取得した不動産を売却したのだけれど、その税金の件で相談したい」という電話がありました。

　甲さんとは6年ぶりにお会いしました。甲さんのお父さんと8年前に譲渡所得の相談会場でお会いして譲渡所得の申告書の作成を受任し、その2年後にお父さんが亡くなられた際に相続税の申告が縁で甲さんと面識を得ました。

　甲さんが「相続によって取得した不動産」とは、8年前にお父さんが譲渡所得を申告した際に新たに取得した不動産Aでした。

　「昨年の1月に母の相続によって取得したAをその年に売却したが、その売却金額は土地と建物の購入金額よりはるかに低い金額なので、譲渡所得は生じないと考えていた。しかし税務署から『譲渡所得がある場合の確定申告のお知らせ』の書類が届いたので、相談に来ました」とのことでした。

　甲さんの言葉どおり、不動産の取得価額から建物の価値減少分にあたる減価償却費を差し引いた額（取得費等）が売却代金を上回る場合、通常は、譲渡所得は生じないことになります。しかし、8年前のお父さんの譲渡所得の申告は複雑な事例であった印象があり、私は当時の資料を取り出して確認することにしました。

　お父さんは、自治体の行う公共事業へ不動産を提供するために同一年に2つの不動産を売却しており、一方の不動産Bは収用等の特別控除（措法33条の4）を、もう一方の不動産Cは特定の居住用財産の買換えの特例（措法36条の6、現行の措法36条の2）の適用を受け、そのように申告していました。

　今回甲さんから相談を受けた不動産は、後者Cについて特定の居住用財産の買換えの特例を受ける際に買換資産として取得した不動産Aでした。

「買換えの特例」とは、「課税の繰延」の制度であり、今回のAの譲渡所得に係る取得費等は、実際のAの取得費等ではなく、前回お父さんがCを売却した際のCの取得費を引き継ぐこととなります。Cの売却時には課税が先送りされたためです。
　結果、8年前のお父さんの譲渡所得の計算で軽減された税額を息子である甲さんが譲渡所得の申告で負担することになりました。
　もし仮に甲さんが私のところへ相談に来られていなかったら、「譲渡所得の申告の必要はない」と自分で判断してそのときは申告せず、申告期限後に修正申告を提出するよう税務署から指摘され、所得税に加えて本来必要でない過少申告加算税や延滞税を負担することになっていたでしょう。
　今回売却された不動産Aは、甲さんのお父さんが土地を取得され、その上に居宅を新築し、その後お父さんの死亡により配偶者であるお母さんが相続により取得したものでした。そして、お母さんの死亡に伴い、相続人である甲さんが取得されたものです。お母さんが間に介していることも、複雑な点です。
　しかし、売却した不動産が買換特例を受けた資産に該当するかどうかの資料は、税務署において永久に保存されています。税務署の申告書や決算書は一定の保管期間が経過すると処分されますが、買換えに関する資料は処分されることはありません。
　売却した不動産が、買換資産として取得したものであることを確認しなかったために税理士が損害賠償を請求された大阪高裁の平成8年11月29日（TAINSコードZ999-0012）の判例は強く印象に残ります。
　相続した不動産が買換え特例を受けたものであるかどうか、相続人が知ることは簡単ではありません。被相続人が借入れの連帯保証人になっていたことや買換え特例を受けていたことが、相続発生後に問題となる事例はよくあります。本人が遺言書に書くか、謄本に明記する制度が設けられないか、などと、よい方法はないものかと考えるばかりです。

第7話 無料法律相談の対価？
―消費税における「対価」性―

　消費税は、国内において事業者が行った資産の譲渡等を課税対象としています。そのための要件として、「事業として対価を得て行われる」ことが求められます。では、どういった場合に「対価を得て行われ」ているといえるのでしょうか。今回はこの点が問題になった事例を紹介しましょう。

1　弁護士会が受ける金員

春香　弁護士会が原告になった事例の判決[22]が出ていますね。
山川　弁護士会が課税処分を受けたんですか。どうしてです？
春香　消費税についての問題ですね。
所長　対価性の問題だね。
春香　はい。
山川　対価性の問題？　弁護士報酬は事業だから、課税対象になるってことではないのですか？
春香　そうじゃないんです。弁護士会が無料法律相談をしたときの問題なんです。
山川　？？
所長　弁護士会が無料法律相談会を開催する。そして、そこで事件を受任した場合、受任した会員弁護士は弁護士会に負担金を払うことになっているんだ。

---

[22]　大阪高裁平成24年3月16日判決（税資第262号順号11909）。評釈：高橋勇・税務弘報62巻5号157頁（2014年）等。

山川　はぁ…。
春香　その負担金が、「対価」として消費税の課税対象になるかどうかが問題になっているんです。
山川　え、何の対価になるんですか？
所長　事件受任の機会を提供した、という役務提供だよ。
春香　所長、本当にこれでよいのでしょうか。
所長　たしかに、対価かどうかは消費税を考える上で非常に重要な問題だからね。
山川　2人だけで話を進めないでくださいよ。

2　当事者の主張

春香　そうでしたね。山川さん、ごめんなさい。
所長　山川君に説明しながら、判決を見てみようじゃないか。
山川　ありがとうございます。
春香　問題となっているのは、次のような金員です。

(1) 京都弁護士会法律相談センター（以下「法律相談センター」という。）において、①紹介の申込み等に基づき紹介された弁護士が、申込者から事件等を受任しあるいは申込者と顧問契約を締結した場合に、当該弁護士が原告に対し支払わなければならないとされている負担金、②法律相談を担当した弁護士が、相談者の依頼等により自ら事件を受任した場合に、当該弁護士が原告に対し支払わなければならない負担金（以下、上記①②を合わせて「法律相談センター受任事件負担金」という。）

(2) 京都弁護士会刑事弁護・少年（等）付添センター（以下「刑弁センター」という。）において、①紹介の申込みに基づき紹介された弁護士が、被疑者等と委任契約を締結し受任した場合に、当該弁護士が原告に対し支払わなければならない負担金、②当番弁護士が当該事件を受任した場合に原告に対し支払わなければならない負担金（以下、上記①②を合わせて「刑弁センター受任事件負担金」という。）

(3) 京都弁護士会消費者・サラ金被害救済センター（以下「消・サラセンター」という。）において、相談を担当した弁護士が当該事件を受任した場合に原告に対し支払わなければならない負担金（以下「消・サラセンター受任事件負担金」という。）

(4) 京都弁護士会高齢者・障害者支援センター（以下「支援センター」という。）において、同センターの行う事業（専門法律相談業務、財産管理支援業務、介護・福祉支援業務、精神保健支援業務等）につき、事件を受任したり弁護士報酬を受領するなどした場合に原告に対し支払わなければならない負担金（以下「支援センター受任事件負担金」といい、これと法律相談センター受任事件負担金、刑弁センター受任事件負担金及び消・サラセンター受任事件負担金を合わせて「本件各受任事件負担金」という。）

(5) 弁護士法23条の2に基づく公務所又は公私の団体に対する照会の手続（以下「23条照会」という。）を原告が行う際に、当該照会の申出をした弁護士が原告に対し支払わなければならない手数料（以下「23条照会手数料」という。）

(6) ①原告が京都弁護士協同組合（以下「本件組合」という。）から各種事業の委託を受けていることに基づき本件組合が原告に支払う事務委託金、②原告

が財団法人法律扶助協会京都支部（以下「本件協会」という。）から法律扶助事業の事務の委託を受けていること等に基づき本件協会が原告に支払う事務委託費及び人件費等の実費の負担金（以下、①の金員を「本件組合事務委託金」といい、②の金員を「本件協会事務委託費等」といい、これらを合わせて「本件各事務委託金」という。）
(7) 司法研修所長からの司法修習生の実務修習の委託に基づき、弁護士会における司法修習生の弁護実務修習の指導に要する経費に充てるための費用として原告に支払われる司法修習生研修委託費（以下「司法修習委託金」という。）

山川　いっぱいありますね〜。
所長　いろいろとあるけれど、弁護士会としては、これらはいずれも対価性がないと考え、消費税の課税標準に含めていなかったのだよ。
春香　それに対して、課税庁は対価性があると判断して更正処分をしたわけです。
山川　どういう理由なんですか？
春香　その前にまず原告の主張ですが、「対価とは、役務の提供があり、これに対応して金銭等の反対給付がされるという相関関係の中で形成されるものであり、その典型は、役務を提供する者に対して、その役務の買い手が代金を支払う関係である。そして、対価支払というのは、当事者間における自由な合意を基礎として、提供された役務に対する相手方の自発的な代価の支払を基本的な要素とする」ものだから、本件の金員は対価ではないということです。
　　　つまり、原告の主張する対価の基本的特性は、以下のようにまとめられます。

図表　対価の基本的特性

①	役務の提供があらかじめ義務付けられたものではなく、役務の提供者と代金の支払者との間での合意形成を基本とすること（任意性）
②	役務の提供とそれに対応した代金支払があること（関連性ないし結合性）
③	当該役務と当該代金が同等の経済的価値をもつこと（同等性）

山川 すごい。対価とは何かという要件がきちんと示されている。

春香 ただし、これらは必要的な条件ではないと考えているようです。本件のように、契約当事者の一方によって、本件では原告によって、あらかじめ決められた内容で、他方当事者、本件の場合は会員弁護士が、その契約内容について選択できない場合、これを附合契約といいます。この場合にも「合意の擬制で説明できる限りは、消費税の課税対象となる」と述べています。

山川 じゃあ、本件の場合も課税対象になるのですか？

所長 そうではないよ。税理士会もそうだが、基本的には会員の会費があるだろう。

春香 そして、弁護士会もその財政的基盤は会費です。会費のように会の存立や運営のために必要な財源として強制的に徴収しているものは、対価性が認められません。

山川 じゃあ、本件の場合も会費と同様だということですか。

所長 原告はそう主張している。

山川 でも、被告は会費ではないと…。

春香 はい。被告は、「消費税法上の対価性は『資産の譲渡及び貸付け並びに役務の提供に対して反対給付を受けること』で足りる」と指摘しています。そして、「それが自由な交換として行われない限り対価性をもたないという根拠はない」と主張しています。

山川 契約のような場合でなくても対価性は認められる、ということですか。

所長 原告の、強制的な徴収をする会費に対価性がないという任意性に関する主張を否定しているわけだよ。

春香 それに同等性についても、「対価の額が、実際に受けた役務の提供に比して著しく低額である場合や著しく高額な場合であっても、対価を得ている限り、その対価の額が課税標準になるのであり、当該代金が当該役務と同等の経済的価値をもつか否かは、対価性を判断する上で全く意味をもたない」と否定しています。

山川 すごいな。真っ向から対立しているって感じですね。

春香 そうなんです。会費との関係についても言及しています。「会費は、

その負担が会員の経済的負担に直結するため、会員の意思を反映させるという趣旨から、会員に経済的負担を負わせるものについては広く会費に当たるものとして会則で定めることを要求しているもの」であるのに対して、「消費税法上の対価性は、資産の譲渡及び貸付け並びに役務の提供に対して反対給付を受けるものであるか否かによって判断されるのであるから、同号にいう会費に当たるか否かの判断と、消費税法上の対価性の有無の判断とは、全く別個のものである」ということです。

所長　会費に該当するかということと、対価に該当することとは別だということか。

春香　そして、例えば法律相談センター受任事件負担金については、「法律相談は、市民に法的サービスの機会を提供することを目的としていると同時に、会員に対し事件を受任する機会を提供することをも目的としているというべきであるし、法律相談に関して行う法律相談所の開設、各種法律相談の担当弁護士名簿の作成、備え付け、法律相談の担当弁護士や相談担当日の指定、広報活動及び地方公共団体との協議、予算折衝等の一連の行為は、会員に対し、事件を受任し、あるいは、顧問契約を締結する機会を提供するという側面を有している」から、原告は、「会員に対し事件受任等の機会を提供するという役務の提供を行っているといえる」ということなんだそうです。

所長　それで、そのような機会を提供されていて、受任を条件に払うから「役務提供の対価」になる、ということなんだ。

山川　なんだか、「対価」の範囲がすごく広いような気がするけどな…。

3　京都地裁判決

春香　そうなんです。でも、京都地裁平成23年4月28日判決[23]は、「本件各センターにおける名簿の作成、紹介の仲介などの事務処理がある

---

[23]　京都地裁平成23年4月28日判決（裁判所ウェブサイト・税資261号順号11679）。評釈：川田剛・税務事例43巻9号1頁（2011年）等。

ことによって、各弁護士が相談者等と接触することになり、その後に当該相談者等から事件を受任した場合には、その受任は、上記の事務処理があったことに起因しているといえるから、各弁護士は、本件各センターの運営とその事務処理によって、受任の機会を得ている面があると評価することができる。そして、本件各センターの運営は、原告に置かれた各種委員会により行われている以上、本件各センターの事務処理は、原告による事務処理であるということができるから、原告の事務処理によって、各弁護士は、受任の機会を得ていると評価することができる」と、被告の主張と同様の認定をしているんです。

山川　そうすると、対価性も同じように認めているというわけですか。

春香　はい。「各弁護士は、原告の事務処理という役務の提供によって受任の機会を得たため、その反対給付として本件各受任事件負担金を支払うこととされているものということができ、当該役務の提供と本件各受任事件負担金との間には明白な対価関係がある」と判断しています。

山川　やっぱり。でも、原告の示した「対価性の基本的要素」は？

春香　「これは、対価性の判断基準となり得るものではないといわざるを得ない」ということです。だから、それをもとに「対価性を判断する必然性はなく、その挙げる基本的要素の充足の有無を検討する必要性はない」ということで、検討されていないようです。

山川　全然、相手にしてもらえなかったんですね。

所長　会費との関係については、どう述べていたかな？

春香　「消費税法基本通達5-5-3は、会費であることから直ちに対価性を否定しているわけではない」ということで、会費でも対価性が否定されるわけではないようです。そのため、「対価性の検討において、本件各受任事件負担金が会費に該当するか否かを判断する必要はない」ということのようです。「仮に本件各受任事件負担金が会費であるとしても」、本件で問題になっているお金には「明白な対価関係の存在が認められる」のだそうです。

所長　そうか。会費は対価ではないといえないのか。
山川　会費に対する反対給付って何なんでしょうね。
春香　そうなんです。とても対価性の判断が広くなっているように思います。
山川　でも、控訴したんですよね？

4　大阪高裁判決

春香　はい。大阪高裁平成24年3月16日判決です。
山川　逆転して、納税者の勝訴！　…なんて、ないですよね…。
所長　残念ながら…。
山川　そうかぁ。で、どんな内容なんです？
春香　高裁判決では、消費税の制度趣旨や規定を考慮して、「本来、消費税は広く薄く課税対象を設定し、最終的に消費者への転嫁が予定されている税であるから、事業者が収受する経済的利益が、消費税の課税要件としての『資産等の譲渡（本件においては役務の提供）』における対価に該当するためには、事業者が行った当該個別具体的な役務提供との間に、少なくとも対応関係がある、すなわち、当該具体的な役務提供があることを条件として、当該経済的利益が収受されるといい得ることを必要とするものの、それ以上の要件は法には要求されていないと考えられる」と述べています。
　そして、「消費税の課税対象は広く設定されることが予定されているのであって、法の定めにない、対象を限定するような何らかの要素が必要かどうかという点については慎重に判断する必要がある」と指摘しています。
山川　何だか最初から雲行きが怪しいって感じですね。「広く薄く」課税するなんて、対価も広く考えますよって感じです。
所長　そうだね。
春香　実際にそうなんです。控訴人の示していた基本的要素について、例えば任意性に関しては「価格決定が当事者の任意で行われるわけではない附合契約や一方的な価格決定が行われるものについても、転嫁が可能なほどに個別具体的な役務の提供と結びついている場合に

は、法は消費税の課税対象とする趣旨であると考えられる」から、「消費税の課税対象を自由取引によって形成された価格に限定する必要も理由もない」のだそうです。だから、任意性という要素は、「少なくとも消費税の対価性の要件ないし要件に準ずるものとはいえず、その点が欠けるという理由で一般的に対価であることを否定されるべきものでもない」と否定しています。

山川　同等性もですか？

春香　同等性についても「消費税法28条1項ただし書の規定は、明らかに、課税標準（対価の額）が経済的な利益の額そのままであることを前提とした規定であり、また、実質的にも、現実の価値の大小というあいまいな概念を、最も明確であるべき課税要件の判断を大きく左右する要素として持ち込むことは妥当でない」とし、「同等性という要素は、少なくとも、要件ないし要件に準ずるものとして要求されているものではないことは明らかである」とやはり否定されています。

山川　ありゃ〜。高裁でも全面的に認められていませんね。

5　消費税法上の「対価」

所長　春香さん、この判決をどう思う？

春香　はい。支払がどういう原因でなされたのか、といった実質面が全く検討されていないように思います。

山川　「何らかの役務提供があれば、それに対する反対給付として対価性がある」っていうところですよね。

春香　そうなんです。その役務提供に対するものかがきちんと検討されないといけないように思うんです。

山川　反対給付のある有償取引って、売買契約ですよね。やっぱり当事者が合意とかしていることが前提なんじゃないですか。

所長　そうなんだ。そういう法律関係というか、当事者の合意のようなものが必要だと思うのだけれどね。

春香　私もそう思います。こんな考え方おかしいですよ。

山川　例えば、宝くじって買うと、賞金をもらえる立場を得られますよね。

春香 それで賞金もらったら、「『宝くじを買ったから賞金をもらえた』なんていう理由で、そこには対価性が認められる！」…なんちゃって。
春香 山川さん、ふざけないでください。非課税ですが、一時所得だから対価性はないでしょう。
所長 いや、この判決の考え方だと、それも冗談では済まなくなるかもしれないぞ。
春香 そうなんですか？ 民法や所得税とも合わないなんておかしいですよ！
山川 消費税率も上がってくるのに、対価が広くとらえられて課税されるんじゃ、ますます大変だな～。

STUDY この判決から学ぶこと

☑ 消費税の課税対象となる「対価性」は、何らかの役務提供等があり、それとの条件関係が認められれば認められる。

補論

本判決では、「対価」について、給付があったから支払がなされた、条件関係に基づいて判断されています。このような、条件関係でとらえることの根拠に、高裁判決では消費税が「広く薄く」課税するという趣旨のものであることが指摘されています。しかし、「広く薄く」課税することが、対価性判断の基準や根拠となることはないと考えられます。「対価」とは何か、どういう場合に認められるか、ということをしっかりと検討する必要があるでしょう。

また、消費税法では、この「対価」という以外にも、「事業」や「資産の譲渡」のような中核的な概念についての定義がありません。これらを確定することも、今後は重要になってくるといえます。

私の事件簿
はじめての税務調査

北陸ブロック　小林花代

　8月上旬、その日も暑い日でした。私は、事務所で、午前中の訪問のため、準備をしていました。そこに突然、内線が鳴りました。内容は、「朝、突然、A株式会社の本社に税務署の調査官が訪ねてきたので、至急、本社に向かうように」というものでした。
　私は、所長とともに、予定を急遽変更して、本社に向かいました。
　A社は、私が顧問の担当を持つようになった頃からの関与先です。当関与先の以前の担当者は、事務所でもベテランの方が担当されていて、退職を機に、私が担当することになりました。A社の担当者としてだいぶ慣れてきたそんな矢先の「はじめての税務調査」でした。
　事前通知なしの税務調査でしたので、私はA社に向かう車内で、頭をフル回転にして問題点がなかったかどうか思い返してみました。
　一つ、思い浮かんだことがありました。前担当者から引き継ぐ際に、注意されていたことがありました。A社は、業績はかんばしくないので節税対策云々の心配はないとのことでしたが、現金出納帳をつけていないので、作成するように、引き続き指導してほしいということでした。
　会計業界でのはじめての税務調査ということもあり、真夏で暑いはずなのに、それも忘れてしまうくらいの緊張のなか、調査が始まりました。前担当者が危惧していたとおり、調査のはじめの段階で、現金元帳（税務調査時の直前の月次試算表の残高）と現金有り高にかなりの隔たりがあることを指摘されました。
　実は、A社は数年前に、当時の本社所在地から現在の所在地に移転しており、その移転の際に資料等を紛失してしまっていました。さらに、同じ頃、代表取締役と経理担当者が同時に交代したり、事業縮小で人員を削減したため、日々の作業が忙しくなったこともあり、その時分から現金出納

帳をつけられなくなったという事情がありました。

とはいえ、現金出納帳は、税務書類に必要なだけでなく、日々の取引を把握するためにも必要ですので、私は、折にふれ、現金出納帳をつけるように代表取締役や経理担当者に指導していました。しかし、その経理担当者は経理だけでなく、総務や営業、接客等の職務も兼ねており、また、経理にも慣れていないこともあって、なかなか現金出納帳を作成してもらえない状況がずっと続いていました。

私も、そんな事情を知っていましたので、なかなか強くは現金出納帳を作成するように指導できないでいました。

当の本人達も、繰越欠損金があるので、課税所得がでたところで、相殺されるので、税務調査の心配はないだろうと安易に思っている節がありました。

調査は、結局、別のところを修正することに落ち着きましたが、統括官から、「現金出納帳がないということは、帳簿書類は不備であるということだから、青色申告の要件は満たしているということにはならない。よって、青色申告の特典である欠損金の繰越控除も本来は適用できません。今後、作成するように」と指摘されました。

関与先も統括官から指摘されて、現金出納帳をつける必要性、むしろ、つけないことのリスクを痛感したようでした。

もし、今回の調査で、帳簿書類不備ということになり、青色申告を取り消されていたら、A法人は追徴することになったかもしれません。

ところで、繰越欠損金の適用を受ける要件の1つに、青色申告書を提出することがあります（法人税法57条10項）。ただし、青色申告書は、一定の場合にはさかのぼって取消しされることもあります。今回の場合、「取引を隠ぺい、仮装して記録するなど帳簿の記載事項の全体についてその真実性を疑うに足りる相当の理由がある」（溝端浩人・妙中茂樹・野田正史・山本敬三・松本栄喜『［図解・業務別］会社の税金実務必携平成24年版』清文社、平成24年8月）に該当する可能性がありました。

青色申告の特典は、上記の欠損金額の繰越だけでなく、他にもあります。

今回のように、納税者の方は、つい、その特典を受けられて当たり前のように思いがちですが、特典を受けるためには、帳簿書類をきちんと作成し、保存しておかなければいけないことを認識しておかなければなりません。
　私も、指導する際には、関与先の状況を考慮しながらも、一層きちんと納税者の方に説明するようにしていかなければいけないと思いました。

第8話 勝ち取ったのは誰の財産？
―上野事件―

被相続人が争っていた課税処分の取消訴訟で相続人が、勝訴判決を得て過納金を取得しました。この過納金は、相続人の財産（所得税の課税対象）でしょうか、被相続人の財産（相続財産）でしょうか。今回はこの点が問題になった事例を紹介しましょう。

1 訴訟の経緯

所長　君たち、行政法の勉強はしたことがあるかい？
山川　行政法なんて、僕わかりませんよ。
所長　何をいっているんだ。税法だって行政に関する法律だろう。
春香　そうですよね。
山川　でも、行政法の教科書とか、読んだことありませんよ。
春香　そういわれれば、私も…。
所長　では、いい機会だから、この事例をとおして勉強したらどうだろう。
山川　はぁ。
春香　わかりました。では、事実関係から見ていきます。
山川　どれどれ。
春香　もともとは、原告の母親が所得税の更正処分取消訴訟を提起していたようです。
山川　これはわかるぞ。
所長　取消訴訟だって行政法の話だよ。
山川　そうですね…。
春香　本件に話を戻しますと、母親も亡くなった夫の所得税について争っていたようですが、結局ご自身も訴訟係属中にお亡くなりになって

いますね。
山川 そうすると、その相続人が原告の地位を引き継ぐことになりますね。
春香 そうです。そして、取消しの判決を得ました。
山川 そうすると、納付していた所得税と加算税や延滞税、それに還付加算金を得ることになりますね。
春香 そうですね。本税と加算税、延滞税を合わせた過納金が誰の財産か、ということが問題になっています。
山川 そんなの、もらったのは相続人だから、相続人の財産じゃないんですか？

2　当事者の主張

春香 そう単純にはいかないようです。
所長 取消判決の形成力があるからね。
山川 ケイセイリョク？　何ですか、それ？
所長 当事者の主張を確認しながら、考えてみるといい。
春香 被告の主張の骨子となっているのは次のものですね。

【大分地裁平成20年2月4日（訟月56巻2号165頁）】
　抗告訴訟における取消判決は遡及効を有しているから、別件所得税更正処分は、同処分の取消訴訟の判決確定により当初から存在しなかったことになる。そうすると、観念的には、乙〔原告の母親：筆者注〕が別件所得更正処分に基づき納付した時点に遡って、本件過納金の還付請求権が発生していたということができる。
　また、本件過納金は本来乙に還付されるべきものであるが、これが原告に還付されたのは、原告が乙の財産を相続したことをその理由とするのであり、この相続がなければ、本件過納金が原告に還付されることはなかったのである。すなわち、原告は、還付金を受けるべき地位を承継したのであり、たとえその発生時期が相続開始後であるとしても、本件過納金の還付請求権は相続財産を構成するというべきである。

さらに、本件過納金の還付請求権は、所得税又は相続税のいずれかの課税対象となるべきものであるところ、本件過納金は乙が有していた財産を原資として納付された金銭（過納金）であり、取消判決の確定により、それが当初から逸出しなかったことになるにすぎないから、仮に乙が生存しており同人に還付された場合には、これを一時所得又は雑所得の収入金額として発生したとみるべき事実が認められず、所得税の課税対象とはならない。こうした本件過納金の還付請求権の性質は、相続という偶然の事情によって左右されるものではなく、乙の納付により減少した相続財産が、納税義務が消滅して本件過納金が発生することにより回復されるだけなのであるから、これを原告の所得とみることはできない。したがって、本件過納金の還付請求権は乙の相続財産を構成するというべきである。

山川　抗告訴訟って、何ですか？
所長　行政訴訟の類型の1つだよ。行政庁の公権力の行使に対する不服の訴訟のことだね。
春香　ということは、課税処分の取消訴訟はまさに抗告訴訟ですね。
山川　なるほど。取消判決には遡及効があるのですね。
所長　そうなんだ。取消判決には形成力があって、それまでの法律関係が変動する。具体的には、遡及効によって、それまでの法律関係がなかったことになる、ということだよ。
春香　そうすると、遡及効によって課税処分が初めからなかったことになりますね。
山川　そうですね。課税処分がなかったのなら、還付請求権は納付時からあったことになり、被相続人の財産ということですか。
春香　でも、実際に訴訟で勝って還付を受けているのは相続人ですよね。
山川　そうすると、やっぱり相続人の財産でしょうか？
所長　原告はどういう主張をしているのか、見てはどうかな。
山川　原告の主張の骨子は次のとおりですね。

行政処分に公定力を認める論理的帰結として、本件過納金又はその還付請求権は、別件所得税更正処分取消訴訟の取消判決確定によって初めて生じると解するほかなく、乙の相続開始時には存在していなかったものである。
　したがって、本件過納金の還付請求権は、原始的に原告に帰属するものであり、乙の相続財産を構成するものではない。
　被告がその主張の根拠とする取消判決の遡及効は、判決の拘束力（行政事件訴訟法33条）によって原状回復義務が課される結果、更正処分がなかった状態まで回復するというにすぎず、還付請求権が遡及的に生じていたということにはならない。
　また、所得税法の通説的解釈によれば、原告の本件過納金の還付請求権の取得は、原告の純資産の増加の起因となる外からの経済的価値の流入、すなわち収入金額に算入すべき金額に該当する。したがって、当該収入は所得税法36条の収入金額を構成すべきものであり、その収入は相続税又は贈与税の課税対象となるものではないから非課税所得（所得税法9条1項15号〔現行では16号：筆者注〕）には該当せず、その結果、当該収入は所得税の課税対象となるのである。
　以上のことから、原告が相続により取得したのは、「訴訟上の原告の地位を法的な訴訟承継手続により取得することができる地位」という事実上の地位に過ぎないことになるが、取消訴訟の訴訟物は処分の違法性一般であるから、その地位を他に譲渡して換価することはできない。したがって、当該地位は一切換価価値はないから相続財産を構成しない。

春香　今度は行政処分の公定力ですって。
山川　何ですか、コウテイリョクって？
所長　やれやれ…公定力というのは、行政行為がたとえ違法であっても、権限ある行政庁や裁判所が取り消すまで、一応有効なものとして認められる効力のことだよ。
山川　ということは、取消判決が出るまでは有効なんですよね？
所長　そうだよ。だから、取消判決に形成力があるわけだよ。
春香　そうだとすると、相続時にはまだ有効じゃないですか。

山川　だから、原告は還付請求権が「相続時には存在していなかった」と主張しているのですね。

春香　当然ですよね。判決が出て初めて具体的に請求できるわけですから。

所長　でも、遡及効で初めからなかったことになるのだよ。

山川　ということは、この事件は「形成力 vs 公定力」って感じですね。

所長　どちらも行政法においては重要な効力だね。この事件はとても重要な判決だといえるだろう。

山川　そうですね。

3　第一審判決

春香　第一審の大分地裁平成20年2月4日判決[24]は、まず「相続財産は、金銭に見積もることができる経済的価値のあるすべてのものをいい、既に存在する物権や債権のほか、未だ明確な権利とはいえない財産法上の法的地位なども含まれる」ということ、それから、「相続税の納税義務の成立時点は、『相続又は遺贈による財産取得の時』（国税通則法15条2項4号）であるところ、相続人は相続開始の時から被相続人の財産を包括承継するものであり（民法896条）、かつ、相続は死亡によって開始する（民法882条）から、納税義務の成立時点は、原則として、相続開始時すなわち被相続人死亡時である」ことを確認しています。

山川　つまり、「相続税法上の相続財産は、相続開始時（被相続人死亡時）に相続人に承継された金銭に見積もることができる経済的価値のあるものすべて」ということですね。

春香　はい。逆に、「相続開始後に発生し相続人が取得した権利は、それが実質的には被相続人の財産を原資とするものであっても相続財産には該当しないと解すべき」ということです。

山川　そうすると、本件過納金の原資は被相続人が拠出していますよね。そして、その死亡時、つまり相続開始時には、まだ取消訴訟が係属

---

[24]　訟月56巻2号165頁。評釈：増田英敏・税務事例40巻8号1頁（2008年）等。

中でしたから、本件過納金の還付請求権は発生していなかったという認定ですか。
春香　そうですね。その上で、「相続開始の時点で存在することが前提となる相続財産の中に、本件過納金の還付請求権が含まれると解する余地はないといわざるを得ない」と結論づけています。
所長　形成力については、どう判断しているのかな。
山川　え〜と…。「一般に抗告訴訟における取消判決の形成力に遡及効が認められるのは、瑕疵のある行政処分を遡及的に失効させることによって、国民の権利利益に対する違法な侵害状態を排除することを目的とするものであって、そのことから直ちに、更正処分取消訴訟における取消判決が確定した場合に、過納金の還付請求権自体が納付時に遡って発生するとは解されない（還付請求権が発生するのは、あくまで取消判決が確定したときからである。）」と述べています。
所長　形成力は国民の権利救済のためのものだという点を強調したわけだね。
春香　なるほど。
山川　でも、判決が続いています。
春香　そうですね。「国税通則法が還付加算金の支払について規定しているのは、遡及効が認められることによる当然の措置である」という被告の主張についてです。還付加算金が国税の納付のあった日の翌日から起算されることから、過納金の還付請求権が納付と同時に発生したものと擬制されると、被告側が主張したようですね。
山川　たしかに、還付加算金の計算はそうですね。
春香　でも判決は、「過納金を還付する場合に付される還付加算金は、違法に財産権を侵害された納付者に対する調整ないし救済措置として国税通則法によって定められたものであり、それが認められるからといって過納金の還付請求権が国税の納付時に遡って発生したと解する理論的根拠とはならず、むしろ、還付加算金の起算日を法定したのは、不当利得につき利息を付すのを受益者悪意の場合に限定する一般不当利得の法理を修正した結果であることからすると、過納

金の還付請求権が国税の納付時に遡って発生したために還付加算金が国税の納付のあった日の翌日から起算されることになったとはいえず、還付加算金の起算日は過納金の還付請求権の発生時期とは無関係に定まったというべきである」と述べています。

山川　請求権の発生の問題ではなく、不当利得に対する利息と同様に考えるわけですね。

春香　「原告が勝ち取ったので、原告のもの」というのはすっきりしますね。

所長　そう簡単ではないんだよ。

山川　まさか…高裁で逆転？

所長　そういうことだ。見てごらん。

4　控訴審判決

春香　福岡高裁平成20年11月27日判決[25]ですね。

山川　えっと…。「取消訴訟の確定判決によって取り消された行政処分の効果は、特段の規定のない限り、遡及して否定され、当該行政処分は、当初からなかった状態が回復される。この取消訴訟の原状回復機能はすべての取消訴訟に共通する最も重要な機能である」といっていますね。遡及効をかなり重視しています。

春香　たしかに、判決でも指摘されていますが、この考えは民法の取消しの遡及効（民法121条）の原則とも整合します。

山川　だから、「別件所得税更正処分も、同処分の取消判決が確定したことによって、当初からなかったことになるため、判決により取り消された範囲において乙が納めた税金が還付され（国税通則法56条）、乙が納税した日を基準時として計算した日数に応じて法定の利率を乗じた還付加算金が支払われるのである（同法58条1項）。これは、訴訟係属中に相続があった場合でも変わりはない。すなわち、別件所得税更正処分の取消判決が確定したことにより、乙が別件所得税

---

[25]　訟月56巻2号153頁。評釈：大淵博義・税務弘報57巻2号2頁（2009年）等。

更正処分に従い納税した日に遡って本件過納金の還付請求権が発生していたことになる」というわけですね。おまけに、「別件所得税更正処分の取消判決の遡及効を制限する特段の規定も存在しない」からですか。

所長　今度は一転して形成力を重視しているね。公定力はどう評価されているのかな。

春香　そうですね。その点を見てみないと。

山川　被控訴人の主張についてですよね。「無効な処分に基づき最初から法律上の原因を欠いていた利得であり、納税者がただちに不当利得としてその還付を求めることができる誤納金と異なり、過納金は、有効な行政処分に基づいて納付ないし徴収された税額であるから、基礎になっている行政処分が取り消され、公定力が排除されない限り、納税者は不当利得としてその還付を求めることができないという意味で、租税手続法的に見て、取消判決の確定により還付請求権が生じると言われるだけであって、租税実体法上は納付の時から国又は地方公共団体が過納金を正当な理由なく保有しているのである。したがって、取消判決の確定により行政処分が取り消されれば、過納金及びその還付請求権も納付時に遡って発生していたことになる。当該行政処分の公定力も排除される」。ということで、形成力によって公定力もさかのぼってなくなるようです。

春香　それから、「取消判決の確定時に乙が存命であれば、当然本件過納金は相続財産となったにもかかわらず、訴訟係属中に乙が死亡したという偶然のできごとによって、同じ本件過納金が相続財産とならなくなる。しかし、このように偶然のできごとによって相続財産性が左右されるのは相当ではない」のだそうです。

山川　たしかに公定力は取消判決によってなくなりますね。

春香　でも、それが判決を得る意味だから、当然なのではないですか。

山川　そうですね。相続の前後で課税上の取扱いが変わるのだって、当然といえば当然ですしね。

所長　2人とも、高裁判決に納得いかないようだね。

春香　あまり、すっきりとはしていません。
所長　下級審で判断が分かれたんだから、最高裁を見ないといけないよ。
山川　そうでした。見てみます。

5　最高裁判決

春香　最高裁平成22年10月15日判決[26]ですね。
山川　え〜!! 棄却ですよ。
春香　ということは、納税者が敗訴ですよね。
所長　そうだね。相続財産になるということで確定だ。
春香　「所得税更正処分及び過少申告加算税賦課決定処分の取消判決が確定した場合には、上記各処分は、処分時にさかのぼってその効力を失うから、上記各処分に基づいて納付された所得税、過少申告加算

---

[26]　裁判所ウェブページ・民集64巻7号1764頁。評釈：谷口勢津夫・税研30巻4号184頁（2014年）等。

　　　　税及び延滞税は、納付の時点から法律上の原因を欠いていたこととなり、上記所得税等に係る過納金の還付請求権は、納付の時点において既に発生していたこととなる」だそうです。
山川　これが相続財産になるのか。
所長　納得できたかな。
春香　高裁判決とほぼそのままですから、やっぱりすっきりしません。
所長　たしかに、高裁と最高裁は、遡及効をとても重視しているね。
春香　そう思います。
所長　それに対して、地裁では、遡及効は権利救済のための効果で、そのためだけに機能すればよいと考えているように思える。
春香　つまり、遡及効を限定的にとらえようとしているのですね。
山川　でも、いくら遡及効があっても、それまで有効として扱われてきた事実は消えないじゃないですか。
所長　そうだね。だから、それに対する補償のために還付加算金があるわけだよ。
春香　そして、それが納付の翌日を起算日とするわけですね。
山川　だから、初めからなかったことになるのか。
所長　それから、原告が相続しなければ還付請求権を得ることはなかったわけだしね。
春香　でも、なんだかすっきりしません…。

6　最高裁判決による対応

所長　では、この判決に基づく実務上の問題を考えてみよう。
山川　実務上の問題？　う～ん…。
所長　春香さんはわかるかな？
春香　すみません。すぐには思いつきません。
所長　では、この還付請求権の評価はどうする？
山川　えっ、争っている金額じゃないんですか？
春香　でも、相続時点では確実ではないですよ。
山川　じゃあ、ゼロ？

春香　それでは相続財産に含まれる意味がなくなりますよ。

所長　そうなんだよ、評価の問題が出てくるだろう。

山川　評価できないじゃないですか。だから、やっぱり相続財産じゃないと思います。

所長　評価の可否と相続財産の該当性は別問題だよ。それぞれの評価で相続税を申告したら、どうなると思う？

春香　ゼロで申告すると、税務署は認めてくれないでしょうね。

所長　でも、税務署としては、処分が適法、つまり還付請求権はないと主張しているのだから、相続財産に含まれないか、評価をゼロにしないとおかしくないか？

山川　そういわれれば…。逆に争っている金額で申告すると、税務署は違法だと認めているみたいになってしまいますね。

春香　でも、相続財産としての価値は争っている金額じゃないのかな…。

所長　この判決では、評価の問題が整理しきれていないと思うよ。これは立法で解決するしかないだろうね。

山川　すっきりしないだけじゃなく、はっきりしないな〜。

STUDY この判決から学ぶこと

- ☑ 訴訟係属中に相続した当事者の地位によって得られた還付金は相続財産を形成する。
- ☑ 当該還付請求権の相続税の計算上での評価には、なお問題が残っている。

補論

本件以外にも、相続発生後の事情により、相続財産が問題になるケースがいくつかあります。

例えば、被相続人が締結していた土地建物の売買契約を相続人が解除しました。この場合、解除にも遡及効が認められていますので、契約がなかったものとして扱われると考えられます。そうであれば、相続財産は被相続人が売ろうとしていた土地建物と考えられますし、相続発生時点ではまだ契約は有効ですから、売買代金債権と考えることができます。広島地裁平成23年9月28日判決（税資261号順号11773）では、遡及効を認め、土地建物が相続財産であると判断しています。

このように、相続税については、相続後の事情によって、特にそれが遡及効を伴う場合に、相続財産に該当するかが問題になってくることに注意が必要です。

私の事件簿
不服申立とインフォームド・コンセント

神奈川ブロック　小林磨寿美

　まだ税理士となったばかりの勤務税理士時代のお話です。
　「小林さん、ちょっと」。同僚である経理スタッフが私を呼びます。事務所の入口には、いつも帳簿書類を届けてくださる関与先会社の先代社長がいらっしゃいました。
　スタッフが小声で囁きます。「大先生に言ったら怒られるとおっしゃるし、いずれにせよ今所長はお留守だから」と。ともかくも、まずはお話をおうかがいすることとします。
　「実は2年前に自宅を増築したとき、自宅の土地と家屋を息子名義に替えてしまって…」
　資金はご自身が出したのだけど、会社を息子に譲った時期だったので、自宅も息子名義にしようと思ってしまったと。そして、今になって税務署に呼び出され、そこではじめて贈与税がかかると聞き、青くなったところ、税務職員から、「贈与の意思がなかったのならば、錯誤で名義をもとに戻せば、贈与税は課さない」といわれ安心し、そのとおりにしたとのこと。そして、恥ずかしいので、大先生には秘密にしていたと。
　「ああ、名義変更通達だ」と、内心思いました。正式名は「名義変更等が行われた後にその取消し等があった場合の贈与税の取扱いについて」(直審(資)22（例規）・直資68（例規）昭39.5.23　国税庁）です。この通達では、財産の名義変更が行われた場合において対価の支払がないときは、贈与があったと推定するが、名義人となった者がその事実を知らず、その財産を使用収益していないときは、最初の贈与税の申告期限までにもとの名義に戻した場合に限り、贈与がなかったものとして取り扱うとしています。そして、期限を過ぎた後であっても、税務署から名義変更により贈与があったものと推定されることについての説明を受けていない等の理由によりそ

の取扱いを知らなかったため、期限までに名義を戻していなかったのであれば、贈与税の更正または決定に異議の申立ができるのです。実際は、2年前の名義変更であっても、税務署への個別呼び出しによって、贈与税を課さない取扱いがされているのだなあと思いました。

「ところが…」と、先代社長は自宅にこれが届いたと封書を見せます。そう、不動産取得税の納税通知書です。

「税務署の指示で登記を元に戻したんだ。それに税金をかけるなんて…」

「ああ、不動産取得税は流通税だから…」思わずつぶやいてしまいました。

「県税事務所でもそういわれた」ぽそっとおっしゃいます。「でも、納得いかない」と。そうです。だから所長先生でなく、私に相談されているのです。

翌日所長先生と相談したところ、「それならば、手間も費用もかからないから、不服申立をしてみたら」とおっしゃいます。駆け出しの私と、先代社長の両方を思って許可くださったのです。

不動産取得税の課税に不服がある場合には、納税通知書を受け取った日の翌日から起算して60日以内に、県知事に対して審査請求書を提出します。問題は「審査請求の理由」です。

不動産取得税の非課税事由には、錯誤による場合が見当たりません。最近では、条例により、親族間の贈与による不動産の所有権移転登記が錯誤により最初の贈与税の申告期限までに抹消された場合、不動産取得税を課税しない取扱いを設けている例もあります。しかし、このケースでは、最初の名義変更は2年以上前ですし、そうした場合に適用できる条例もありませんでした。登記原因が取消による「錯誤」であったとしても、不動産取得税は原則課税となるというのが、県の見解です。しかし、不動産取得税は、不動産の取得に対して課税されるのですから（地法73条の2第1項）、所有権移転行為自体がなかったと主張できれば、一筋の希望が見出せるかもしれません。

結果としては、やはりだめでした。所有権の移転行為が無効なのではなく合意解除をしたのだという判断です。ところが、先代社長は次のように

おっしゃいました。
「不服申立をすることとなったのに、県税事務所でもみなさんに親切にしてもらえた。お気の毒ですがといいながらも、親身になって話を聞いてもらえた。何よりも深く考えずに相談もせず、名義変更をした自分が間違っていたんだ」
　それを聞いて、ハタと気がつきました。先代社長は不動産取得税を納付することが惜しかったのではなく、納得が欲しかったのだと。理解できたならば、喜んで納税するとはいわなくとも、納得して納税するのだと。大切なのは、いつでも相談できる体制を作ることと十分な説明をすることだと。
　税務の分野でもインフォームド・コンセントの重要性がよくいわれますが、結局はそういうことなのだと自覚した出来事でした。

第9話 争族の果てに
―遺産分割に係る弁護士費用の取得費該当性―

　　相続の際に、遺産分割がもめて弁護士に頼ることもあるでしょう。その後、その遺産分割によって相続した資産を譲渡した場合、その弁護士に払った報酬は「資産の取得に要した費用」といえるのでしょうか。今回はこの点が問題になった事例を紹介しましょう。

1　もめた遺産分割

山川　いや～、やっぱり"相続"は"争族"ですね。
春香　どうしたんですか、急に？
山川　いえ、所長に譲渡所得の関係でこれまでの取扱いが変わるかもしれない事例があるから見るようにいわれたんですよ。
春香　それで、相続の事案を見ていたんですか。
山川　そういうことです。遺産分割に30年以上かかっているんですよ。
春香　すごい期間もめていたんですね。
山川　でしょう？　すごいですよね。
所長　山川君、そんなことより肝心の譲渡所得の問題は理解できたのかね。
山川　そうでした、そうでした。わかったような、わからないような…。
所長　いつもどおり、頼りない返事だねぇ。
春香　遺産分割が長期化したことと、譲渡所得課税がどう関係するのですか？
山川　それはですね、春香さん。遺産分割でもめるじゃないですか。そうすると調停、審判と手続が進みますよね。
春香　はい。
山川　そのとき、自分でその手続をする人もいるでしょうけど、一般には

　　　　弁護士に依頼しませんか？
春香　そうなると思いますよ。
山川　でしょう。で、遺産分割がまとまって、土地なりの資産を相続しますよね？
春香　で、それを譲渡するわけですか。
山川　さすが春香さん。飲み込みが早い！
春香　それで、何が問題になるのですか？
所長　その弁護士に払った報酬が「資産の取得に要した費用」、つまり取得費に該当するか、ということだよ。
春香　なるほど。でも、取得費とは認められないように思いますが、この理解と異なる判例でもあるのですか？
所長　そうなんだ。それで、山川君に判例を見てもらっているんだよ。
春香　そういうことでしたか。で、どうなんですか？　山川さん。
山川　げっ。2人から責められ始めた…。

2　当事者の主張

春香　早く教えてください。
山川　はい、はい。
春香　納税者としては、弁護士報酬を取得費に含めるという主張ですよね。
山川　そうですね。原告は、これまで、相続や贈与に伴って支出した費用は取得費に算入されない取扱いがされてきたけれど、最近の最高裁判決が示しているように、取得費については「現実に行われた資産の取得を考慮して、客観的に見てその資産を取得するために当該費用が必要であったかどうかを判断しなければならない」と主張しています。
春香　最近の最高裁判決って？
山川　ゴルフ会員権を贈与により取得した際に受贈者が支出した名義書換手数料を取得費と認めた最高裁平成17年2月1日判決[27]と、所得税法33条3項にいう譲渡費用に当たるかどうかは、現実に行われた資産の譲渡を前提として、客観的に見てその譲渡を実現するために当

該費用が必要であったかどうかによって判断すべきとした、最高裁平成18年4月20日判決[28]です。

春香　ゴルフ場会員権の判決はわかりますが、平成18年判決は取得費ではなく、譲渡費用が問題になってますよね。

山川　そうなんですけどね。原告は地裁で、「平成18年最高裁判決は、直接には譲渡費用を対象にしているが、具体的に実現した所得が課税対象でなげればならない以上、取得費も、抽象的な『通常』のものだけでなく、現実に行われた資産の取得を考慮して、客観的に見てその資産を取得するために当該費用が必要であったかどうかを判断しなければならないのは当然であ」ると、主張しています。つまり、「譲渡費用と取得費の理論的根拠が異なってはならない」ということのようです。

春香　そういわれてみれば、そうですね。どちらも、譲渡所得の金額を計算するために控除するものですからね。

山川　一方、それに対する被告の主張ですけどね。
「譲渡所得に対する課税は、資産の値上がりによりその資産の所有者に帰属する増加益を所得として、その資産が所有者の支配を離れて他に移転するのを機会に、これを清算して課税する趣旨のものであるところ、法33条3項が総収入金額から控除し得るものを、当該資産の客観的価格を構成すべき金額のみに限定せずに、取得費と並んで譲渡費用をも掲げていることに照らすと、法38条1項が規定する『資産の取得に要した金額』には、当該資産の客観的価格を構成すべき取得代金の額のほか、登録免許税、仲介手数料等の当該資産を取得するために通常必要と認められる付随費用の額も含まれるが、他方で、当該資産の維持管理に要する費用等の日常的な生活費ないし家事費に属するものはこれに含まれないと解するのが相当で

27　裁判所ウェブサイト・判時1893号17頁。評釈：橋本守次・税務事例37巻6号1頁（2005年）等。
28　裁判所ウェブサイト・判時1933号76頁。評釈：渡辺裕泰・ジュリスト1334号257頁（2007年）等。

ある」と述べているんです。

春香　ということは、「通常必要な」付随費用は取得費に含まれるということですね。

山川　そうなりますね。でも、「遺産分割は、相続開始により複数の相続人の共有に属することとなった相続財産を分配するものにすぎず、これにより相続財産に含まれている個々の資産の財産価値そのものに変動が及ぶものではないから、遺産分割の調停や審判に要した弁護士費用などの遺産分割に要した費用が、当該資産の客観的価値を構成すべき取得代金に当たらないことは明らかである」ということです。

春香　遺産分割によって財産価値に変動がないから、取得代金にならないというのもわかりますよ。

山川　しかしですね。「遺産分割までに要した弁護士費用は、その本質において、相続人間における主観的事情に係る紛争の解決費用にすぎず、通常必要と認められる付随費用ということでき ず、家事費というべきである」とも述べているんです。ちょっと乱暴ないい方ですけど、勝手にもめたことで費用が発生してもそれは「通常必要な」なものとはいえない、ってことなんじゃないかと。

春香　好きでもめるわけじゃないと思いますよ。だから、こんなに長期化しているんじゃないんですか。

山川　おっしゃるとおり。だから原告も、「本件相続開始から遺産分割手続が終結するまでには37年6箇月もの年月を要しており、乙〔原告がその納税義務を承継。元々の遺産分割の相続人：筆者注〕は、遺産分割調停及び審判事件において弁護士への依頼が不可避だったのであるから、本件報酬部分は、客観的に見て明らかに本件土地を取得するために必要だった費用と認められ、取得費に当たるというべきである」と述べているわけです。

春香　そうでしょう。調停や審判の手続を弁護士に頼むのだって一般的なことじゃないですか。まして、こんなに長い間もめるんですから。

3　地裁判決

山川　そうなんですけどね。東京地裁平成22年4月16日判決[29]は、そういうことを認めてくれなかったわけです。

春香　そんな！　なぜですか？

山川　まずですね。譲渡所得課税の趣旨から考えて、「法〔所得税法：筆者注〕38条1項が規定する『資産の取得に要した金額』には、当該資産の客観的価格を構成すべき取得代金の額のほか、登録免許税、仲介手数料等の当該資産を取得するための付随費用の額も含まれるが、他方で、当該資産の維持管理に要する費用等の日常的な生活費ないし家事費に属するものはこれに含まれない」と述べています。

春香　それは、これまでの判例どおりじゃないですか。

山川　そうですね。そして、「法は、相続による資産の所有権移転の場合には、限定承認のときを除き、その段階において譲渡所得課税を行わず、相続人がその資産を譲渡したときに、その譲渡所得の金額の計算についてその者が当該資産を相続前から引き続き所有していたものとみなすと規定しており（法60条1項1号）、被相続人が当該資産を取得するのに要した費用は相続人の譲渡所得金額の計算の際に取得費としてその譲渡収入金額から控除されることとなる。これは、相続（限定承認を除く。）の時点では、資産の増加益が顕在化しないことから、その時点における増加益に対する課税を留保し、その後相続人が資産を譲渡することによってその増加益が具体的に顕在化した時点において、これを清算して課税することとしたものであり、この規定の本旨は、増加益に対する課税の繰延べにあると解される」と所得税法60条の趣旨についても言及しています。

春香　これは、そのとおりだと思います。

山川　それで、「相続人が相続した不動産を譲渡した場合の譲渡所得の金額の計算において譲渡収入金額から控除される取得費としては、まず、被相続人がその不動産を取得した時におけるその不動産の客観

29　税資260号順号11420。評釈：粕谷晴江・税理55巻13号121頁（2012年）等。

的価格を構成すべき取得代金の額及びその取得のための付随費用の額が考えられるが、それに加えて、例えば、相続人が相続する不動産の所有権移転登記手続をする際の登録免許税等も、当該不動産を取得するための付随費用の額として、『資産の取得に要した金額』(法38条1項)に当たると解するのが相当である」と、これまでの判例どおりの考え方を示したわけです。

春香 それで、なぜ弁護士報酬が取得費に含まれないのでしょうね。

山川 それなんですけどね。「遺産分割の法的性質は、共同相続人の共有に係る相続財産の分配にすぎず、これにより相続財産に含まれている個々の資産の財産価値そのものに変動を及ぼすものではないから、遺産分割に要した費用は、当該資産の客観的価格を構成するものとは認められない。また、それが、被相続人の取得のときに遡ってその当時における客観的価格を構成するとか、あるいは、被相続人の取得のための付随費用とみる余地がないことは明らかである」と、結局被告の主張をほぼそのまま認めたんですよ。

春香 でも、遺産分割によって価格変動がないのは当然だから、別にここはよいと思います。

山川 でも、ここだけじゃないんです。「遺産分割は、相続人間の協議、調停及び審判によって行うことができるところ、相続人間の協議によって行われる場合はもとより、調停や審判によって行われる場合であっても、相続人が弁護士に委任することが通常必要とされるものではないから、遺産分割に係る事務の委任に係る弁護士報酬は、相続人が相続財産を取得するための付随費用には当たらないというべきである」と判示しています。

春香 弁護士に依頼することは通常必要でないですって？　こんな長期化するような遺産分割は、通常弁護士に依頼すると思いますよ。

山川 しかしですね。「原告が引用する平成17年最高裁判決は、ゴルフ会員権の名義書換手数料を資産を取得するための付随費用として取得費に当たると解したものであるところ、ゴルフ会員権の名義書換手数料は、これを支払って名義書換えをしなければ、そのゴルフ会員

権に基づく権利行使ができないのであるから、ゴルフ会員権の取得のための付随費用ということができるのに対し、前記のとおり遺産分割調停及び審判事件は、必ず代理人として弁護士に委任しなければならない手続ではないから、遺産分割事件の弁護士報酬が当該資産を取得するための付随費用ということはできない」ということなんです。

春香　弁護士に依頼しなくてもできるから？ ということは、勝手に頼んだのだから、報酬は通常必要でないということですか！

所長　「通常必要」という基準を用いているのだけれど、本件のように長期化したものはもちろん、遺産分割でもめている場合に、弁護士に依頼することは通常の範囲だと思う。それにも関わらず、付随費用に該当しないと判断されていることに疑問が生じるね。

春香　所長のおっしゃるとおりです！

山川　春香さん、落ち着いてください。

4 高裁判決

春香　当然、控訴審がありますよね？

山川　もちろん、ありますよ。

所長　それが、これまでの取扱いに影響するかもしれないんだ。

春香　そうなんですね。どんな内容なんですか？

山川　東京高裁平成23年4月14日判決[30]です。基本的には同じような内容なんですが、「所得税基本通達60-2は、相続により譲渡所得の基因となる資産を取得した場合において、当該相続に係る相続人が当該資産を取得するために通常必要と認められる費用を支出しているときは、これを当該資産の取得費に算入できる旨定めており、原審も、付随費用に該当するか否かの判断基準を、その支出がその資産の取得にとって通常必要と認められるか否かに求めている」と述べています。

これは、原告が控訴審で追加主張した、原判決が通達に基づいて判断したということに対しての判断だと思います。それで、所長がおっしゃっているのは、おそらくここからだと思いますが、「資産の取得者が資産の取得に必要な行為をするに当たり専門家の力を借りた場合の報酬等については、そのことが社会的に承認されているものについては、それが当該行為に必要とはいえなくても、資産の取得に付随して要した費用というべきであり、取得費に当たると解するのが相当である」と判示しているんです。

所長　そう、そこなんだよ。

春香　「通常必要」ではなく、「社会的に承認」されていれば、専門家に払う報酬等についても付随費用に該当するということですか。

山川　そういうことだと思います。判決では「例えば、不動産取引の仲介手数料や所有権移転登記手続を司法書士に委任した場合の報酬等は、取得者がこれらの行為を自ら行うことも可能であるけれども、資産を取得するための付随費用に当たるというべきである」とされ

30　税資261号順号11668。評釈：佐藤英明・税研30巻4号66頁（2014年）等。

　　　　ていますので。
春香　じゃあ、本件のような弁護士報酬も付随費用として取得費に算入されるわけですね。
山川　う〜ん、そこがよくわからないんですよ。
　　　たしかに、「弁護士に対する報酬等も、取得に関し争いのある資産につきその所有権等を確保する手続を委任したことにより負担したものは、資産の取得者が当該手続を自ら行い得たとしても（現に、本人訴訟も数多い。）、やはり資産を取得するための付随費用に当たるということができる。そして、遺産分割が資産の取得をするための手続であるとするなら、それを弁護士に委任することは社会的に承認されていることであり（現に、弁護士が代理人となっている遺産分割審判事件は数多い。）、相続人が自ら行うことも可能であるとしても、実際に弁護士に委任して報酬等を負担したのであれば、これを遺産分割に付随する費用というべきである。弁護士に委任することの必要性の大小を、訴訟、審判手続、調停等といった手続の一般的な難易によって区別して、例えば、訴訟については通常必要であるが、審判や調停については通常必要とはいえないというように判定することは、困難といわざるを得ない」と述べています。
　　　結局は、「『通常必要とされる』かどうかで弁護士費用が付随費用にあたるかどうかを判断することは、相当とはいえない」ってことのようなんですけどね。
春香　わかりました。では、本件は控訴審で逆転ということですね？
山川　それが違うんです。
春香　えっ、どういうことですか？
山川　続きがあるんです。しかし、当裁判所は、「そもそも遺産分割が資産を取得する行為に当たらないことから、これに付随する費用は、資産を取得するための付随費用ということはできないと判断するものである」と続くんです。
春香　遺産分割は財産取得行為じゃない？
山川　ねっ、よくわからないでしょう。おそらく、相続で相続人は財産を

	共同で取得していて、遺産分割はその持分を再分配するだけだから、「取得」じゃないってことだと思うんです。
春香	でも、遺産分割しないと、自分の具体的な持分は確定しないし、勝手に処分もできないんですよ。
山川	だから、よくわからないっていってるんです。
春香	わかったような、わからないような…。
山川	ほら、春香さんも僕と同じことをいうようになった。
所長	この判決は、これまでの「通常必要」という基準を否定した点に意味があるね。
山川	それはそうだと思います。
所長	そして、今回の「社会的に承認」されているかという基準は、あいまいではあるが、これまでより付随費用の範囲を広く解する余地があるように思う。
春香	たしかに、そう思います。
所長	この点での今後の影響は考えていかなければならないね。
山川	はい。
所長	しかし、遺産分割を財産取得行為でないと判断した点については評価が分かれるだろう。
山川	そうなんです。たしかに、一度は共同相続で「取得」しているとも考えられますから。
春香	でも、遺産分割で具体的に持分が決まらないと自由に処分できません。
山川	それに遺産分割で所有権を得たから、今回のように第三者への譲渡もできたわけですよね。
所長	そうすると、やっぱり弁護士報酬は「取得」に要した費用と考えられるようにも思う。
山川	あ〜、やっぱり、わかったようでわからないよ〜。
所長	山川君が知恵熱を出さないように、この問題は今後も考えることにして、とりあえず休憩しよう。
山川	さすが、所長！ たしかケーキがありましたね。切ってきます。
春香	山川さん、そのケーキは、すでに共同所有ですか？ 切ってからも

らうのは取得になりますか？

山川　春香さん、勘弁してくださいよ～。

STUDY この判決から学ぶこと

- ☑ 付随費用の判断基準としての「通常必要」性（所基通60-2参照）は本判決で否定された。
- ☑ かわって「社会的に承認」されている費用が付随費用に該当すると示された。これにより、付随費用の範囲は拡大されると考えられる。
- ☑ しかし、遺産分割は財産「取得」行為ではないため、遺産分割に係る費用は付随費用に該当しない。

補論

　民法上、たしかに、相続人が複数あるときはいったん共同での相続として扱われます。そして、その後に遺産分割等で具体的な持分が確定します。このような遺産分割手続を、一度取得した財産についての持分の再分配にすぎないと考えたのが本判決です。同じような考え方は、代償分割において支払った代償金が取得費に含まれるかが問題になった最高裁平成6年9月13日判決（税資205号396頁）でも採用されていると考えられます。この判決では、代償金を支払って取得した財産について、相続により取得したものとして扱われています。遺産分割としての代償分割によって、代償金を支払うことで当該財産を取得したものではないということになります。そのため、本判決と同じ考え方と思われます。

　これに対して、相続人の中に国税の滞納者がいた場合に、その滞納者に法定相続分よりも少なくなるように決めた遺産分割を、国税徴収法39条における「第三者に利益を与える処分」に該当すると示した最高裁平成21年

12月10日判決（民集63巻10号2516頁）があります。この判決では、遺産分割が「処分」に該当すると判断されていますので、滞納者が処分したということであれば、その相続分を得た他の相続人は財産を「取得」したと考えられます。

　遺産分割をどのようにとらえるのか、民法にも財産行為と身分行為というとらえ方の違いがありますので、それらをふまえて考えなければならないでしょう。

私の事件簿
デリバティブ取引について

中京ブロック　柴田昌子

　ご紹介するのは法人が契約した為替デリバティブ取引に関する事案です。今から数年前、多くの中小企業が取引銀行から勧められ、為替デリバティブ取引を契約するケースがよくみられました。特に輸入取引のある法人が売り込みのターゲットになっていました。

　当時私のクライアントが契約したのは、通貨オプションやクーポンスワップ等の複数の商品です。単純にいえば、法人が5年あるいは10年という長期間にわたって、定額の外貨をある一定のレートで購入し続けるという契約ですが、レバレッジ（為替相場がある一定水準を超えると倍額の外貨を購入する等の契約）が組み込まれているものもありました。

　契約当初は、有利なレートで外貨購入できる特権を手に入れたという理解でいたのですが、世の中の為替相場がいったん不利に転ずると、その後は全く逆の様相を呈することになります。買いたくもない外貨を、買いたくもないレートで、延々と買い続ける苦しみが待っています。契約を解除しようと思っても、莫大な解約精算金が立ちはだかります。銀行は損をしない仕組みをしっかり構築しているのです。泣きながら外貨を買い続けるしかありません。

　長期間にわたるその損失は、倒産してもおかしくないレベルにまでこのクライアントを苦しめました。確かに経営者の判断が甘かった、あるいは銀行マンのノルマ達成に協力してあげようという安易な気持ちがあったのかもしれません。しかし問題は、売り込む側の銀行が、十分にリスクを伝えないままに、契約を締結させてしまったことにあるのではないかと私は今でも思っています。

　さて、このクライアントの税務申告です。デリバティブ取引は、「想定元本」とか「未決済デリバティブ」という用語からもわかるように、事業

年度中に資金の動きを伴わない将来取引も含む契約の総体をいいます。法人税法では、期末に未決済であっても含み益・含み損を時価評価し、課税所得に反映させることになっています（ただし、ヘッジ処理の適用がある場合を除く）。このことは、金融商品会計基準とも整合がとれています。しかしながら、正しい会計処理や税務申告をしていない中小企業もあるということを後に知りました。

　このクライアントの法人税申告に関し、税務調査を受けたときのこと。国際税務専門官も来ておられ、件のデリバティブ取引が取り上げられました。当時はこの取引も順調な時期で、多額なデリバティブ評価益を計上していたため、評価益の算定根拠の確認がなされました。

　その後の2度目の調査では、決算書にデリバティブ評価損が計上されています。「デリバティブ取引に関しては、今回も正しく処理をされていますね。実はきちんと処理していない中小企業が結構あるんですよ。ただ、今の時期はほとんどの会社さんが評価損を計上されるのでこちらから積極的に指摘をすることはありませんけどね…」とのコメント。

　そういえば、多額な評価損を計上したとき経営者から、「何故当社はこのような多額な損失を計上しなければならないのか、納得がいかないので説明して欲しい」といわれました。デリバティブを持ち込んだ銀行マンにこの経営者が問合せをしたところ、「御社は中小企業なのだから、そのような損失計上は必要ない」といっていたとのこと。確かに金融商品会計基準の適用を受けるのは大法人等に限られるかもしれませんが、法人税法では大法人・中小法人の区別はなく、内国法人がデリバティブ取引を行った場合、未決済デリバティブ取引を期末に決済したものとみなして算出した利益の額または損失の額は所得の金額の計算上、益金の額または損金の額に算入すると法人税法61条の5第1項に規定されています。おそらく会計基準と税法を混同された発言だったと思われます。

　経営者にはその後、法人税法の条文をお示しして丁寧に説明し、ご理解をいただきました。税務申告を終えた後、思い返すと腹が立つのはその銀行マンです。勿論こうなったのは銀行のせいじゃないですよ。でもね、損

失を計上しなくてもいいなんて、それこそ「売りっ放しの責任逃れ」…って、これはいい過ぎでしょうか？

第10話 取れなくても源泉徴収？
―強制執行と源泉徴収―

> 不当解雇の判決を獲得、その間の賃金の支払請求も認められました。この場合、未払賃金を強制執行される会社は源泉徴収義務を負うのでしょうか。労働訴訟から始まった事例を紹介しましょう。

1 組合活動を理由とした不当解雇

春香　めずらしいですね。この事例、税務訴訟でもないのに源泉徴収が問題になっています。

山川　どの事例ですか？

春香　最高裁平成23年3月22日判決[31]です。

山川　どんな事件なんですか？

所長　山川君、さっきから聞いてばかりだね。一緒に見てみたらどうかな。

山川　そうですね。一緒に見てみます。

所長　で、春香さん、それはどんな事件なんだい？

山川　所長！　所長も見ていないじゃないですか。

春香　もう、仕方ないですね。本件は、まず先行する労働訴訟がありました。

山川　労働訴訟？

所長　賃金の未払でもあったかな。

春香　はい。X社が複数の従業員を、組合活動を理由に懲戒解雇したようです。

山川　それで解雇の無効を争った、ということですね。

---

[31] 民集65巻2号735頁。評釈：神山弘行・ジュリスト1440号217頁（2012年）等。

春香　併せて、解雇以降の賃金の支払も請求しています。
所長　それで従業員が勝訴したわけだね。
山川　正確には、地裁では負けて、高裁で勝っているようです。
春香　高裁判決には、賃金の一部について仮執行宣言が付されています。
所長　その未払とされた賃金に対する源泉徴収義務が問題だね。
春香　はい。元従業員らは、控訴審判決に基づき、その未払賃金について強制執行を申し立てたようです。
所長　X社はそれを執行官に支払うことになるね。
山川　当然源泉徴収をするし、社会保険料なんかも控除するでしょうね。
春香　いえ、それが問題になるわけです。

2　本件訴訟

山川　えっ、何が問題になるのですか？
春香　元従業員たちは、強制執行の対象となった金額の全額を払うように請求しています。
山川　そりゃ、そうでしょう。
所長　なるほど。山川君、「全額」なんだから源泉徴収したらだめだろう。
春香　さすが、所長。そうなんです。X社は源泉徴収できないまま、強制執行に応じていたんです。
山川　でも、支払ってますよ。
春香　そうですね。だから、課税庁は源泉所得税を納付するように、X社に告知したのです。
山川　納税告知を受けたら、X社は納付しますね。
春香　でも、源泉所得税分を支払金額から控除できていないんです。
所長　さぁ、X社はどうしたらよいかな？
山川　えっと…元従業員に対して求償できる（所法222条）はずです。
春香　そうです。でも、元従業員たちは求償に応じないわけです。
山川　なぜです？
春香　強制執行をしたのであって、給与の支払を受けたわけではないから、ということですね。

第10話　取れなくても源泉徴収？ —強制執行と源泉徴収—　131

山川　？？？
所長　給与の「支払」じゃない、ということだよ。
春香　だから、X社には源泉徴収義務がなかったということです。
山川　じゃあ、X社が納付したのは？
春香　簡単にいえば、勝手に納付したのだから、X社が国に対して返還請求すればよい、ということです。

3　当事者の主張と判決

所長　もう少し正確に見たほうがいいだろうね。
春香　そうですね。宮崎地裁平成20年9月8日[32]においてX社としては、「所得税法183条1項は、国内において給与等の支払をする者に源泉徴収義務を課しているところ、原告は、被告らに本件賃金を支払ったのであるから、同項により本件賃金に関する源泉徴収義務を負う」という主張をしています。それから、「同法183条1項は、給与等の支払が任意に行われたものか否かに関係なく給与等の支払をする者に等しく源泉徴収義務を課しており、また、原告は、あくまで強制執行の機会に任意弁済として本件賃金を支払ったものであるから、原告に本件賃金に関する源泉徴収義務がないとする被告の主張は当たらない」とも述べています。
所長　ということは、X社としてはとにかく「支払った」以上、源泉徴収義務がある、というわけだね。
春香　はい。その「支払」の際に源泉徴収分を含めて払っているのだから求償できる、ということだと思います。
所長　それに対する元従業員の主張はどうかな？
山川　えっと、「源泉徴収制度は、あくまで、納税義務者が自ら課税標準及び税額を確定する申告納税方式の例外として位置づけられるもので、源泉徴収義務者は、その事務の性質上、任意に賃金を支払う場合において源泉徴収義務を負うにすぎず、強制執行により賃金相当

32　民集65巻2号746頁。評釈：堀招子・税経通信67巻9号244頁。

額全額の取立てを受けた場合にまでその義務を負うものではない」ということです。

春香　源泉徴収義務は任意の「支払」のときに限定されるということですね。
所長　そうだね。
山川　だから、元従業員ではなく、国に不当利得返還請求を、ということか。
所長　なかなか難しい問題だね。で、最高裁はどう判断したのかな？
春香　はい。最高裁は、「法183条1項は、…給与等の支払をする者が、強制執行によりその回収を受ける場合であっても、それによって、上記の者の給与等の支払債務は消滅するのであるから、それが給与等の支払に当たると解するのが相当であることに加え、同項は、給与等の支払が任意弁済によるのか、強制執行によるのかによって何らの区別も設けていないことからすれば、給与等の支払をする者は、上記の場合であっても、源泉徴収義務を負うものというべきである」と判断しています。
所長　なるほど。たしかに条文上は「任意の支払」とは書かれていないな。

山川　そうなんです。それで、強制執行の場合に「給与等の支払をする者がこれを支払う際に源泉所得税を徴収することができないことは、所論の指摘するとおりであるが、上記の者は、源泉所得税を納付したときには、法222条に基づき、徴収をしていなかった源泉所得税に相当する金額を、その徴収をされるべき者に対して請求等することができる」と判断しています。

春香　やはり、強制執行の場合、「全額」を交付しますので、源泉所得税を引けません。だから、その分は後で求償すればよいということです。

山川　それで、求償が認められるということで、X社が勝訴したわけです。

4　源泉徴収義務の有無

所長　しかし、過去には源泉徴収義務が否定されたことがあったような…。

春香　さすが、所長ですね。元従業員たちは、実は過去にあった判決[33]を主張の根拠にしています。

所長　やっぱり、そうか。

春香　その判決では、「所得税法第183条、地方税法第321条の5等の規定によると、使用者は、諸保険料の場合と異なり、右各税金について源泉徴収の義務を負つていることが明らかである。
しかしながら、源泉徴収は、その事務の性質上、使用者が任意に賃金を支払う場合において負担する義務であり、その意に反して強制執行により取立を受ける場合においてまで負担する義務ではないと解するのが相当である。したがつて、裁判所としては、賃金の全額について支払を命ずべきであり、労働者が強制執行により賃金の取立をした場合においては、税務官庁は労働者より税金を徴収すべく、使用者に源泉徴収の責任を問うべきではないこととなる」とされているようです。

山川　つまり、その判決では任意の支払のときだけ源泉徴収義務を負うと

---

[33]　高松高裁昭和44年9月4日判決（判タ241号247頁）。評釈：渡辺章・ジュリスト462号135頁（1970年）等。

春香　示していたわけですね。
春香　だから、X社も当初は源泉所得税を差し引いた金額を交付したようです。
山川　でも、その後にその分の交付も求められたわけですね。
春香　でも、強制執行で「全額」を弁済するとなると、現実には源泉徴収できませんね。
所長　だから、求償すればよい、と最高裁が指摘したのだろう。
春香　つまり、源泉徴収の機会があるかということと、源泉徴収義務を課すということは別問題なんですよ。
山川　だったら、初めから源泉所得税額を引いて弁済させればいいのに。
春香　でも、そんな金額を訴訟で請求するわけないですよね。
所長　支払金額が確定して、源泉徴収税額が決まるんだよ。
山川　そうか…そうすると、やっぱり「全額」を弁済するしかないですね。
春香　それを確定申告でもして、従業員側で納税すればよいのですけどね。
所長　それが従来の考え方だろうね。しかし、今回の判決は違う。
山川　源泉所得税も含めて弁済しつつ、他方では国に源泉所得税を納付する。そして、後から従業員に対して求償。一番面倒なやつですよ。
春香　現実的にはそうですね。しかし、条文上「任意」の支払に限定されていないから、ということですね。
所長　そうだね。従来の考え方を変更する重要な判決だろう。

5　支払者の負担

春香　でも、本件のように、また求償のところでもめたりすると、X社のような支払者にとっては大きな負担ですね。
山川　求償に応じてくれるまでの経済的負担は、支払者が負うわけですからね。
所長　本件の場合、源泉徴収義務を否定したら、X社は改めて国を相手に不当利得返還請求をしなければならなくなっただろう。
春香　そんなことしたら、X社はものすごい負担じゃないですか！
所長　最高裁はその点を考慮して判断したのかもしれないな。

山川　そんな見方もできるんですね。
春香　でも、求償に応じてくれないときはやっぱり大変そうです。
山川　ところで、この田原裁判官の補足意見はどういうことですか？

> 【最高裁平成23年3月22日判決補足意見】
> …給与等の債権者による強制執行手続が複数回にわたって行われる場合には、給与等の支払義務者が第1回目の強制執行手続に基づいて支払った給与等に係る所得税の源泉徴収義務は、その支払によって具体的に発生することになるから、同税相当額は、それ以後に支払うべき金額から控除することができる。したがって、給与等の支払義務者は、第1回目の強制執行によって生じた源泉所得税相当額については、第2回目以降の強制執行に対して請求異議事由として主張することができることになる。

所長　よいところに気づいたな。
春香　支払者の負担に関連するのですか？
所長　そのとおりだ。求償に応じてくれるまで経済的負担を負わなければならないのは酷だろう。だから、強制執行による弁済が複数回あるときは、1回目分の源泉所得税に対する求償を、2回目の弁済と相殺してよい、といっている。
山川　だったら、支払者の負担もなくなってよいですね。
春香　でも、最後の弁済に係る源泉所得税は相殺する対象がないから、やっぱり負担が残りますね。
山川　あ、そうか。
所長　山川君と同じで最高裁にも、最後の最後で見落としが残ったわけだ。

STUDY この判決から学ぶこと

- ☑ 所得税法183条における「支払」は任意の場合だけでなく、強制執行の場合も含まれる。
- ☑ そのため、強制執行による弁済の場合でも源泉徴収義務が生じる。
- ☑ 強制執行のために、源泉所得税を差し引けない場合であっても、支払者は源泉所得税を納付しなければならない。
- ☑ 納付した源泉所得税は、所得税法222条に基づき、受給者に求償できる。

補論

　本判決は、強制執行の場合における源泉徴収義務の有無について、従来の判例の考え方を変更しています。そして、所得税法183条の「支払」に任意性が問題にならないことを明確にしたという点で重要な意味があるといえます。

　しかし、使用者に対しては、源泉所得税額の納付とその求償という、いわば「二重の負担」を課すことになったといえます。これに対する実務的な対応は問題になると思われます。

　また、本件は使用者が債務者ですが、使用者が第三債務者となる場合、つまり給与債権が差押えの対象になっている場合には対応が異なっています。このような場合、差押禁止の範囲を計算する際、源泉所得税等を控除した手取り額が基準となると考えられていますが、条文上はそのような規定ではありません（民事執行法152条）。このような取扱いの不一致をどう考えるか、という点は課題といえるでしょう。

私の事件簿
妻のへそくりは誰のもの？

東京ブロック　福田真弓

　相続税の税務調査で、奥さま名義の金融資産約3,000万円につき、調査官からこんな指摘を受けました。
「奥さまは、結婚後、ずっと専業主婦だったとおっしゃいましたよね」
「はい。そうです」
「奥さま名義でお持ちの金融資産は、どうやって貯めたものですか」
「主人からは毎月生活費として決まった金額を受け取っていましたので、その一部を老後のために、定期預金や投資信託、年金保険等にしていました」
「だとすると、これらの金融資産はすべて、実質的には亡くなったご主人のものだと考えられますが…」
　ここまでは、よくあるやりとりです。
　世の女性の大半は「夫婦なんだから、夫が稼いだお金はもちろん夫婦2人のものでしょ」と考えています。外で稼いでいるのは夫でも、その稼ぎには妻の貢献が必要不可欠ですから、当然といえば当然です。
　一方、民法や税法の考え方は違います。民法762条は、夫婦は別財産制であり、夫が稼いだお金は夫だけのもの、つまり、夫の特有財産だと定めています。そのため、相続税の税務調査では、被相続人の家族名義の預金については、必ずその資金原資と管理支配状況が争点になります。無職無収入の人は、相続や贈与で財産をもらう以外に、自分の財産を持つことはないからです。
　妻が密かに、生活費の残りを自分の名義で貯めても、それは結局夫のもの。妻が家計をやりくりしコツコツ貯めた預金でも、夫の相続時には、夫の相続財産として遺産分割協議や相続税の対象になる。これが税理士にとっての常識です。
　しかし、このケースでは、奥さま名義の金融資産がいわゆる「へそくり」

ではないことを、私は申告作業の段階で確認済だったため、あえて夫の相続財産から除外していました。

奥さまは「主婦の鏡！」のようなきちんとした女性で、いつもご自宅はキレイに整理整頓、床の間にはお花が活けられ、打合せ後には、季節の和菓子とお抹茶を出してくださる方でした。財産のほとんどはご主人が管理されていましたが、ご主人から毎月受け取った生活費については、奥さまが長年、家計簿をつけていました。家計簿と手許現金に差異があれば使途不明金の欄を作り、毎月の正しい残金を翌月に繰り越しています。

そして、その家計簿には、毎月「自分のお小遣い〇〇万円」という欄があったのです。聞けば、ご主人に内緒のお小遣いだった訳ではなく、ときにはご主人が家計簿をチェックすることもあったとのこと。

民法549条は、贈与は諾成契約だと定めています。口頭でも贈与は成立しますので、家事や育児の正当な対価として、ご主人の了解の上で正々堂々もらっていたお小遣いなら、契約書はなくても、ご主人の「あげる」という意思と奥さまの「もらう」という意思の合致があったと考えられ、その時点で贈与が成立しています。

奥さまは、そのお金で年金保険に加入し、投資信託を購入する等、自由に資産運用をしていました。贈与税は納めていませんが、贈与税の申告納税の有無は、贈与の成立要件ではありません。贈与税の除斥期間は6年で、仮想隠ぺいがあった場合でも7年ですから、すでに時効です。

このように調査官に説明して家計簿を見せたところ、主張はそのまま通りました。

自筆の家計簿という客観的な証拠を示すことができ、資金の流れについても私が作ったエクセル表で説明できたことが、認められた理由かもしれません。

しかし、家計簿のとあるページには「〇〇へ50万円」「△△へ20万円」のように、お正月等に子や孫にお小遣いを渡した日付と金額までが、こと細かに記されていたのです。毎月の家計費は、夫からの預り金であり夫の財産です。そのため、子に渡した相続開始前3年以内のお小遣いは、すべ

て相続税の生前贈与加算の対象だと調査官から指摘されてしまいました。
　被相続人の家族名義の通帳は、申告作業の段階で相続人からお預かりし、確認してはいたものの、すべての家計簿までは確認しておらず…修正申告となったのです。
　家計簿の証拠能力、恐るべし！

第11話 理由を説明してください
―更正の理由附記の違法性―

　国税通則法が改正され、不利益な更正処分には理由附記が求められるようになっています。もし、この理由に不備があった場合には、更正処分が違法なものとなります。では、どのような場合に不備があると判断されるのでしょうか。今回はこの点が問題になった事例を紹介しましょう。

1 事実の概要

山川　春香さん、ちょっといいでしょうか。

春香　あら、山川さん、質問なんてめずらしいですね。

所長　本当だ、山川君からなんてめずらしい。

山川　所長、僕だって勉強するときはちゃんとしますよ！

所長　それはそうだ、失礼。

春香　それはそうですよね。…で、どんな内容ですか？

山川　この事例なんですが、国税通則法の改正の影響があるのでしょうか。

春香　どんな事例ですか？

山川　更正処分に附記されている理由に不備があると判断された事例です。

春香　更正の理由附記ですか。たしかに、すべての不利益処分に理由附記が求められるようになったから、影響があるかもしれませんね。

山川　この事例を見ていたら、ちょっと気になったので。

春香　私も気になります。一緒に見てみましょう。

山川　大阪高裁平成25年1月18日判決[34]です。まず、事実なんですが、原告である財団法人はＡ市が全額寄付して設立されています。

第11話　理由を説明してください―更正の理由附記の違法性―　141

春香　法人税法上「公益法人等」に該当しそうですね。
山川　はい、該当します。しかし、原告は設立後から赤字が続いていました。
春香　なぜなんですか？
山川　Ａ市からの業務委託に対して、Ａ市の財政事情が芳しくなく、原価割れを起こしていたようです。
春香　ということは、原告の経営が問題になりますね。
山川　そうなんです。Ａ市としては、Ｘの銀行からの借入れをＡ市からの無利子での一時借入れに変更するという措置をとったようです。でも、負債が増え続けたようです。
春香　では、申告の問題はないと思いますが、なぜ、更正が？
山川　実は、別にＡ市から新規の業務支援策を受けて黒字に転化したようなんです。それで債務の返済も進んだようです。
春香　でも、公益法人等なのでしょう。市から業務委託を受けて公益事業を行っていたのではないのですか？
山川　そこなんですよ、問題は。税務調査をして、課税庁はその業務が収益事業に該当すると判断したようです。
春香　なるほどね。だから更正処分が行われたのね。で、それぞれの主張はどうなっているのですか？

2　当事者の主張

山川　その前に更正の理由附記ですよ。
春香　そうでしたね。どんな理由を附記したんですか？
山川　はい。こういう内容です。

【附記理由】
貴法人がＡ市と締結した各種委託契約に基づき受ける委託料及び民間の者からの委託に基づき行った自動車の撤去により受ける委託料並びにＡ市補助金交付

34　判時2203号25頁。評釈：岩崎政明・税研30巻4号272頁（2014年）等。

> 指令により、派遣職員の人件費及び社屋の賃貸料に充当あるいは補助することに使途を限定されて受ける補助金は、法人税法第2条第13号に規定する収益事業の収入に該当します。したがって、当事業年度の所得金額に加算しました。

春香 これだけですか？

山川 はい。だから原告は地裁で、「法人税法130条2項は青色申告事業者に対し更正処分をする場合に、更正通知書に理由付記を要求しているところ、その趣旨は、更正処分庁の判断の慎重・合理性を担保にその恣意を抑制するとともに、処分の理由をその相手方である納税者に知らせて不服申立てに便宜を与えるためである。

この趣旨に照らすと、処分の理由は、他の事情から納税者が了知していたかどうかに関わりなく、更正の通知書に付記された更正の理由の文面から明らかであることが必要であり、記載すべき理由付記の程度は、事実に対する法的評価の相違に基づき更正処分をするときには、更正処分庁の判断過程を省略することなく具体的に記載する必要があるというべきである」と主張しています。

春香 つまり、なぜ更正をされるのか具体的に示せということですね。

山川 はい。それに対する被告の主張は、「帳簿書類の記載自体を否認することなしに更正をする場合には、更正通知書記載の更正の理由において、更正処分庁の恣意抑制及び不服申立ての便宜という理由付記制度の趣旨目的を充足する程度に更正の根拠を具体的に明示するものである限り、法人税法130条の要求する更正理由の付記として欠けるところはない。

本件各更正処分は帳簿書類の記載自体を否認することなしにされた更正処分であるところ、本件各更正処分に付された更正の理由は、更正処分の対象となる取引を特定し、更正処分を行った理由を明示していることになるから、更正処分庁の恣意抑制及び不服申立ての便宜という理由付記制度の趣旨目的を充足する程度に具体的に明示するものであるといえ、法人税法130条の要求する更正理由の付記として欠けるところはない」というものです。何が更正の対象かは

わかるので、理由附記の趣旨にも応えていることになり問題ない、ということです。

春香　なんだか、納得できないですね。なんで更正されるのか、その根拠を示すのが理由附記なのに、更正の対象だけでよいなんて。

山川　そうです。でも、地裁はこれを違法でないと判断したようですよ。

3　地裁判決

春香　そうなんですか。どういう理由なんですか？

山川　はい。まず、青色申告に更正の理由附記が求められている趣旨については、「法人税法が、青色申告制度を採用し、青色申告に係る所得の計算については、それが法定の帳簿組織による正当な記載に基づくものである以上、その帳簿の記載を無視して更正されることがないことを納税者に保障した趣旨に鑑み、更正処分庁の判断の慎重、合理性を担保してその恣意を抑制するとともに、更正の理由を相手方に知らせて不服申立ての便宜を与える趣旨に出たものというべきであ」ると述べています。

春香　これは一般的にいわれているとおりですね[35]。

山川　でも、次のような断りもあります。「帳簿書類の記載自体を否認して更正をする場合において更正通知書に付記すべき理由としては、単に更正に係る勘定科目とその金額を示すだけではなく、そのような更正をした根拠を帳簿記載以上に信憑力のある資料を摘示することによって具体的に明示することを要するが、帳簿書類の記載自体を否認することなしに更正をする場合においては、かかる更正は納税者による帳簿の記載を覆すものではないから、更正通知書記載の更正の理由が、そのような更正をした根拠について帳簿記載以上に信憑力のある資料を摘示するものでないとしても、更正の根拠を前記の更正処分庁の恣意抑制及び不服申立ての便宜という理由付記制度の趣旨目的を充足する程度に具体的に明示するものである限り、

---

[35]　最高裁昭和38年5月31日判決（裁判所ウェブサイト・民集17巻4号617頁）参照。

法人税法の要求する更正理由の付記として欠けるところはないと解するのが相当である」というものです。
春香　どういうことですか？
所長　いつもと立場が逆なようだね。
春香　そうですね。でも、山川さんがしっかりと読まれているので。
山川　いや、それほどでは。それで、本題に戻りますが、青色申告は記帳義務があるから更正の理由附記があるわけですよね。
春香　そうですね。
山川　だから、帳簿の記載内容を否認するときにはしっかりとした証拠等理由を示す必要があるということなんです。
春香　それはそうですよ。
山川　でも、本件のように帳簿記載事項ではないものが更正の対象になることもあります。そのときには求められるものが異なるというのです。
春香　つまり、理由附記で否認するための証拠等をきちんと示さなくてもよい、ということですか。
山川　そういうことだと思います。だから判決では、「原告は、更正処分庁が青色申告者に対し、納税者の法的評価が誤りであることを理由として更正をする場合にも、その判断過程を具体的に示す必要がある旨を主張する。しかし、法人税法が青色申告者に対しては更正の理由を付記すべきとしている趣旨は、上記のとおり、法定の帳簿組織による正当な記載に基づいて青色申告がされていることに鑑み、帳簿の記載を無視して更正されることがないことを納税者に保障していることから、かかる帳簿の記載を否認して更正するに際しては、帳簿の記載よりも信頼できる根拠を提示する必要があるという点にあるのであって、それと異なり、帳簿の記載を否認するのではなく、青色申告者の法的評価の当否が問題となる場面においては、納税者の法的評価が特に信用できるという特段の担保もないのであるから、上記保障の趣旨やそれに基づく根拠提示の必要性がそのまま当てはまるものとはいえない」と述べているのだと思います。
春香　なるほど。

山川　そして、いつものように、課税処分が大量反復的に行われるということを理由に、「帳簿の記載自体は否認せず、納税者の法的評価の誤りを理由として更正をする場合においては、前記のとおり更正の根拠を具体的に明示している限り、それを超えて更正処分庁がその判断過程を具体的に示さなかったとしても、それをもって直ちに違法となると解することはできない」と示して、理由附記に違法性はないと結論づけているのです。

春香　でも、これじゃ何で更正されるのかという理由がわからないままでもよくなってしまいませんか？

所長　春香さんのいうとおりだね。たしか、それで高裁判決では納税者の勝訴となったのではなかったかな。

山川　さすが、所長。よくご存知ですね。そのとおりです。

春香　よかった。で、どんな理由づけがされているんですか？

4　高裁判決

山川　高裁では、青色申告に更正の理由附記が求められる趣旨については、地裁と同じことをいっています。

　　　そして、「帳簿書類の記載を否認して更正をする場合においては、法人税法が青色申告制度を採用し、青色申告に係る所得の計算については、それが法定の帳簿組織による正当な記載に基づくものである以上、その帳簿の記載を無視して更正されることがないことを納税者に保障した趣旨に鑑み、単に更正に係る勘定科目とその金額を示すだけではなく、そのような更正をした根拠を帳簿記載以上に信憑力のある資料を摘示することによって具体的に明示することを要するものというべきである。

　　　他方、帳簿書類の記載自体を否認することなしに更正をする場合においては、その更正は納税者による帳簿の記載を覆すものではないから、そのような更正をした根拠について帳簿記載以上に信憑力のある資料を摘示することは要しないが、更正の根拠を、上記の更正処分庁の恣意抑制及び不服申立ての便宜という理由付記制度の制度

目的を充足する程度に具体的に明示するものであることを要すると解され、更正処分庁が当該評価判断に至った過程を検証しうる程度に記載する必要があるというべきである」と指摘しています。

春香　つまり、証拠のような資料を提示する必要はないけれど、趣旨から考えて判断に至った過程を明確に示す必要がある、というわけですね。

5　判断の分かれ目

山川　はい。その点について、高裁判決では最高裁昭和60年4月23日判決[36]を引用しています。

春香　それはどういう判決なんですか？

山川　そこで示されているのは、「帳簿書類の記載自体を否認することなしに更正をする場合においては、右の更正は納税者による帳簿の記載を覆すものではないから、更正通知書記載の更正の理由が、そのような更正をした根拠について帳簿記載以上に信憑力のある資料を摘示するものでないとしても、更正の根拠を前記の更正処分庁の恣意抑制及び不服申立ての便宜という理由附記制度の趣旨目的を充足する程度に具体的に明示するものである限り、法の要求する更正理由の附記として欠けるところはないと解するのが相当である」ということですね。

春香　あれ？　この判決だと、地裁と同じような話になりませんか？

山川　そうなんですけどね。実は、地裁の理解がおかしいと思えるところがあるんです。

春香　どういうことですか？

山川　この昭和60年の最高裁判決では、「本件更正通知書記載の更正の理由には本件更正をした根拠についての資料の摘示がないことは否定できないところであるけれども、本件更正は、…本件冷房機の存在、その取得時期及び取得価額についての帳簿記載を覆すことなくその

---

[36]　裁判所ウェブページ・民集39巻3号850頁。評釈：玉國文敏・税務事例18巻5号26頁（1985年）等。

まま肯定したうえで、被上告会社の確定申告における本件冷房機の属性に関する評価を修正するものにすぎないから、右更正をもって帳簿書類の記載自体を否認するものではないというべきであり、したがって、本件更正通知書記載の更正の理由が右のような更正をした根拠についての資料を摘示するものでないとしても、前記の理由附記制度の趣旨目的を充足するものである限り、法の要求する更正理由の附記として欠けるところはないというべきである」となっています。

だから、この事件の場合、冷蔵機の属性、具体的には建物付属設備にあたるということを認定したのですが、「冷蔵機」というものの一般的理解を前提にしていたので、わざわざ書いていなくてもわかっただろうということのようなんです。

春香　つまり、書かなくても当然にわかるからよいですよ、といった判決を参考に、地裁はそのとおりに判断したわけですね。

山川　はい。でも高裁は、「更正の理由付記は、単に納税者に更正の理由を示すに止まらず、更正の妥当公正を担保する趣旨をも含むものであるから、更正の理由を納税者が推知できる場合であっても、その理由を納税義務者が推知できると否とにかかわりがなく、付記すべき理由の程度が緩和されるものではないというべきである（最高裁昭和38年12月27日判決・民集17巻12号1871頁参照）」と述べて、納税者に処分理由がわかるようにしなければならないということを確認しています。

春香　高裁は最高裁昭和60年判決をきちんと理解している、ということですか？

山川　僕はそう考えています。それで結論も、「本件各付記理由は、…収益事業の収入に該当すると認定した収入の金額については、各契約書に基づきその算定過程について具体的に記載するものであるが、法適用に関しては、『法人税法2条13号に規定する収益事業の収入に該当する』との結論を記載するにとどまり、なぜ収益事業の収入に該当するのかについての法令等の適用関係や、何故そのように解

釈するのかの判断過程についての記載が一切ない」と認定しています。そして、「事実関係を示すことで法の適用関係が一義的に明らかである場合やこれを容易に推測することができる場合等、法の適用については結論のみを示せば足りる事案が存することは否定できないが、一般的に法の適用については常に結論のみを示せば足りるとする被控訴人の主張は採用しがたい」と判示しています。

その上で、今回のような理由附記では「処分行政庁の判断過程を検証することが可能であるとは認めがたいところであるし、処分行政庁の判断過程が控訴人に示されたとみることは困難である」から、理由附記に不備があり、更正処分自体も違法であるということになったようです。

6 国税通則法の改正との関係

春香 すごいですね、山川さん。昭和60年の最高裁判決まできちんと読んで。

山川 いや〜、それほどでも。

春香 でも、同じ判決でもとらえ方が変わってしまったことで、結論が真逆になってしまって怖いですね。

山川 本当にそう思います。

所長 しかし、こういう判決で理由附記として求められる水準が示されていくのは重要なことだね。

春香 そうですね。

山川 それで、この判決って国税通則法改正が関係してきそうですか？

春香 やっぱり、改正によって白色申告者にも記帳義務が課されたり、不利益な更正処分には理由附記が求められるようになったのだから、関係すると思いますよ。

所長 そうだろうね。これからは青色申告者に限った問題ではなくなるだろうね。

春香 そうすると、すべての不利益処分にこういった理由附記の考え方が妥当することになりそうですね。

山川　我々も昭和60年判決をきちんと理解しないといけませんね。
所長　そのとおりだ。しかし、今日は山川君と春香さんの立場がいつもと逆でなんだか不思議な感じだね。
春香　そうですね。私も負けないようにしないといけないですね。「若手の台頭」のような怖さを感じます。ふふふ。
山川　あれ、めずらしくほめられてます？
所長　そうだよ。慣れないから変な気分かな？　はははは。

STUDY この判決から学ぶこと

- 更正処分に求められる理由附記は、帳簿記載事項を覆す場合には、その具体的な根拠資料を示す必要がある。
- 帳簿記載事項ではない場合には、具体的証拠資料等を示す必要はないが、その判断過程がわかるように具体的に示す必要がある。

補論

　国税通則法が改正され、白色申告者についても記帳義務が課され（所法231条の2）、更正の理由附記も求められるようになっています（通則法74条の14）。そのため、今回のような理由附記の問題はすべての納税者に関連するといえます。

　しかし、青色申告と白色申告の区別が残っている以上、それぞれで求められている帳簿書類の具体性等の水準が同じとは考えられないところもあります。例えば、白色申告者は「簡易な方法での記載」が認められています（所法231条の2）。そうであれば、処分時に具体的に示す証拠資料等も、求められる水準に差があると考えることもできるように思われます。

　ただし、理由附記の趣旨が、更正処分の濫発を防止という処分適正化と、不服申立てに対する判断材料を提供するという争点明確化にあるということからすれば、差を設けるべきではないとも考えられます。

　こういった点も含めて、今後の運用や裁判例の中で明確化が図られる必要があるといえるでしょう。

私の事件簿

国税通則法改正後の初めての調査

京滋ブロック　前岡照紀

　平成23年度税制改正において、税務調査手続の明確化等を内容とする国税通則法の改正が行われました。その内容は、我々の税務調査業務に様々な影響を与えるといわれていました。

　改正後においては、調査の事前通知は納税義務者と税務代理人双方に行われること（現在は、納税義務者が税務代理権限証書に同意する旨の記載があれば、税務代理人のみの通知で完了）や調査修了後、税理士等の税務代理人に調査内容の説明をする場合には納税者の同意が必要である等、今まで曖昧だった手続が明確になったため、何かと時間がかかる旨を聞いていました。しかし、運用面においては課税庁側に相当の負担があるようで、実調率低下により税務調査自体が少なく、新しい税務調査に立ち会う機会になかなか出会えませんでした。

　施行日より10か月経過した平成25年10月、秋晴れのいいお天気の日でした。朝出社するとA法人の奥さまより、「今、税務署の方が来られており、各支店にも数名ずつ来られているようです」という連絡がありました。朝8時50分とは、早い…。取り急ぎ、すべての予定を変更しA法人に向かいました。A法人は現金取引を主とする法人であったため、国税通則法74条の10（事前通知を要しない場合）で事前通知なしに税務調査が開始されました。

　A法人の本社に到着すると税務署の調査官が3名、各支店（3店舗）に3名ずつ、合計12名が実地調査を行っていました。A法人の税務調査は今までも事前通知なしに各店舗にて行われていたのでA法人の方々も動揺することなく、落ち着いて対応されていたのですが、今までは各店舗に1～2名の調査官による税務調査だったにも関わらず、今回は各店舗に3名ずつも配置されていました。しかも所轄税務署の調査官のみならず、所轄外税務署からの応援やICT担当調査官も来られており、人海戦術におい

ては完全に圧倒されるなか、税務調査が進められました。人数で完敗しているので負け惜しみに「今回は、異常に人数が多いですね」というと調査官の1人が、「別の現場に移動する際、主たる調査現場を離れないようにということと常に2人以上で臨むことにより、聞き間違い等のトラブルを防止するためです」ということでした。

　現金実査や棚卸、ICT担当調査官によるソフトから出力されるデータの分析等、一通りの調査が繰り広げられただけでした。意気込んで臨んだので「なんだ。人数が多いだけか」と、腰砕け感があるもいったんは実地調査終了。今までは実地調査の日数も複数日だったのですが、今回は1日でした。国通法改正の後、税務調査の手法も多少変わるのかと期待していたのですが、実地調査においては今までと大きな変化はありませんでした。

　その後、電話にて色々な質問が税理士・法人双方にあり、また、銀行等への反面調査等もあったようであっという間に2か月が経過しました。税務署の締め切りもあるので、12月中には解決するだろうと高を括っていたところ、いくつかの非違事項を指摘されたまま、年を越すことになりました。納税者側も無意味に時間だけが経過する状況に痺れを切らされており、やむなくいくつかの抗えない修正事項について、修正する旨の提案を持ちかけるとそれも検討に時間がかかりました。なかでも、特に役員貸付金利息の認定についての利息額算定にあたっては、月末貸金の合計を基礎とした簡単な計算で提示をしたところ、審理にて日割りも含めた精緻な利息額が算定されることとなり、相当な時間を要しました。結局、何度かの税務署とのやり取りを経て、ようやく翌年1月30日修正申告を提出し、無事調査修了しました。

　改正後初めての税務調査は、「税理士の調査実務においてはあまり大きな影響がないが、課税庁側の手続きは複雑になり、これでは実調率が低下するのもやむを得ないなあ」と感じました。また、調査手続の明確化及び法制化は、納税者にとっての権利保護を重視した法改正と考えると、調査が長期化することは延滞税の負担や精神的・時間的な負担という問題もあるのではないかと思いました。

第12話 違法でなくても取消し？
―不当性による取消裁決―

　税務争訟では、いきなり裁判所に訴えるのではなく、その前に〈「異議申立て」→「審査請求」〉という不服申立ての手続を経なければなりません。この不服申立段階では、課税処分が違法でなくても、不当であれば取り消されるということを行政法で認めています。このような裁決が出されていますので、その事例を紹介しましょう。

1　税務争訟の制度

所長　2人とも、この裁決を見てみないか。
春香・山川　どうしたんですか、所長。
所長　私も長い間税理士をやっているが、こんな裁決[37]は初めて見た。驚いたよ。
春香　どんな裁決ですか？
所長　処分は適法と判断されているのに、取り消されているんだ。
春香　適法なのに取消し、ですか？
山川　所長、大丈夫ですか？　そんなわけないでしょう。
所長　ところが、そんなわけがあるのだよ。まぁ、見てほしい。
春香　本当ですね。
山川　どうして、そんなことになるのですか？
所長　不服申立ての制度をきちんと確認しておこう。
春香　はい。課税処分を受けると、それに対する不服があれば、一般にはまず、異議申立てを処分行政庁に対して行います。

---

[37]　平成22年12月1日裁決（国税不服審判所ウェブサイト）。評釈：末崎衛・税理54巻3号178頁（2011年）等。

山川　そこで決定がなされ、主張が認められなければ、今度は国税の場合、国税不服審判所への審査請求をすることになりますね。

春香　そこで裁決が出され、裁決でも主張が認められなければ、やっと訴訟を提起、というのが、税務争訟の流れではないかと思います。

所長　そのとおり。不服申立前置主義といわれるものだね。

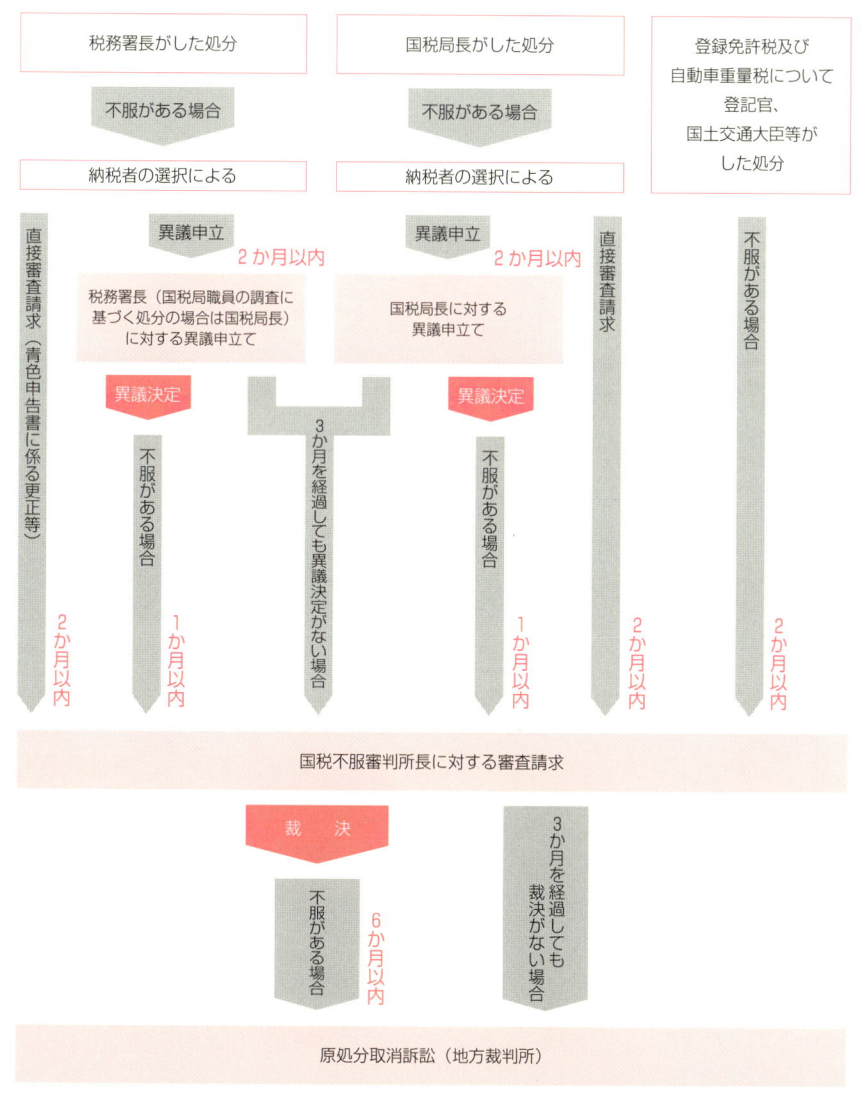

```
┌─────────────────┐  ┌─────────────────┐  ┌─────────────────┐
│ 税務署長がした処分 │  │ 国税局長がした処分 │  │ 登録免許税及び   │
│                  │  │                  │  │ 自動車重量税について│
│                  │  │                  │  │ 登記官、         │
│                  │  │                  │  │ 国土交通大臣等が │
│                  │  │                  │  │ した処分         │
└─────────────────┘  └─────────────────┘  └─────────────────┘
     不服がある場合        不服がある場合
   納税者の選択による    納税者の選択による
```

- 直接審査請求（青色申告書に係る更正等）　2か月以内
- 異議申立　2か月以内 → 税務署長（国税局職員の調査に基づく処分の場合は国税局長）に対する異議申立て → 異議決定 → 不服がある場合　1か月以内
- 3か月を経過しても異議決定がない場合
- 異議申立　2か月以内 → 国税局長に対する異議申立て → 異議決定 → 不服がある場合　1か月以内
- 直接審査請求　2か月以内
- 不服がある場合　2か月以内

↓

国税不服審判所長に対する審査請求

↓ 裁決 → 不服がある場合　6か月以内
　　　　　3か月を経過しても裁決がない場合

↓

原処分取消訴訟（地方裁判所）

出典：国税不服審判所ウェブサイト（http://www.kfs.go.jp/system/diagram.html）

春香　これが何か？
所長　問題は処分取消しの理由なんだよ。
山川　どういうことですか？
所長　国税不服審判所の手続については、国税通則法80条によって行政不服審査法が準用されている。そして、審査請求段階では「処分が違法又は不当」である場合にも、取り消されることを認めているんだよ（行政不服審査法40条6項）。
春香　「違法又は不当」ですか。ということは、「違法」ではなくても、「不当」であれば、取り消されるということですね。
所長　そうなんだ。
山川　だから、適法でも取り消された、ということなんですね。
春香　つまり、処分は「違法」ではないけれど、「不当」だった、というわけですね。

2　事実の概要と当事者の主張

山川　それはどういう事案なんですか。所長。
所長　まず、春香さん、説明してくれないか。
春香　はい。平成22年12月1日裁決によると、請求人は、不動産貸付業及び農業を営む個人事業主です。昭和60年3月14日、H税務署長に対し、所得税の青色申告の承認の申請を行い、その承認を受けていました。

請求人が行っている不動産貸付けの収入の大部分はJ社からの賃貸料収入です。このJ社は請求人とその妻が各50%の株式を保有する同族会社です。そして請求人は、本件各年分において、租税特別措置法25条の2第1項第1号の10万円の控除の適用を受けていました。原処分庁は、請求人の所得税について調査を行い、事業に関する帳簿書類の提示を求めたのですが、現金出納帳を含めた帳簿は作成していないとの理由で提示されなかったということです。また、集計表や決算書を作成するための一覧表の提示の求めに対しても、作成していない旨の理由で提示されなかったようです。

そこで原処分庁は、これら現金出納帳等の帳簿が一切作成されていない事実は、帳簿書類の備付け、記録及び保存が所得税法148条1項に従って行われていない場合に該当し、同法150条1項1号に該当する、と判断し、青色申告の承認の取消しと合わせて、所得税の更正処分を行った、ということです。
山川　なるほど。青色申告者が税務調査時に帳簿等を提示しなかったわけですね。
春香　はい。本件の争点は、①原処分庁が、現金出納帳等の帳簿が一切作成されていないとして青色申告の承認を取り消したこと及び更正通知書に更正の理由が附記されていないことは、「違法又は不当」か否か、②上記争点①について、「違法又は不当」といえない場合、請求人と請求人が株主である同族会社との不動産の賃貸借に係る行為または計算が、請求人の所得税の負担を不当に減少させる結果となると認められるか否か、の2つのようです。
山川　で、争点①のほうで主張が認められたわけですね。どういう主張をしたのですか？
春香　請求人の主張は次のようなものです。

　不動産所得については伝票式会計によっており、一切の取引を伝票に記帳し、つづって保管するとともに、収入集計表等も常時備えており、所得税法が要求する不動産所得の金額を正確に計算するのに必要な帳簿を備え付けていた。また、請求人は、固有の現金出納帳（ノート状の帳簿に現金取引を独立して記載したもの）は作成していないものの、現金出納に関しても、伝票に現金取引の年月日、必要経費に係る取引ごとの事由、出納先及び金額などを記載して、それらをつづって保管することにより、現金出納に関する事項を記載した帳簿書類も備え付けていた。したがって、請求人の不動産所得に係る帳簿書類の備付けは、所得税法第148条第1項に規定する財務省令で定めるところに従って行われていたと認められ、青色申告の承認の取消し事由に当たる事実はない。

山川　現金出納帳のような「帳簿」は作成していないけれど、所得金額を正確に計算するのに必要な書類である伝票をつづって保管しているから、「帳簿書類」を備え付けているってわけですか。

春香　はい。そして「提示」については、「伝票の提示を求められたことは一切なく、具体的に提示を求められた申告書作成のための集計表等はすべて提示してきており、調査において請求人が帳簿書類の提示を拒否した事実はない。また、原処分庁所属の調査担当職員は、請求人の経理処理方法を確認するという通常調査でなされる努力をすれば、伝票の存在は容易に把握できたにもかかわらず、現金出納帳の有無にこだわり、固有の現金出納帳の不存在をもって直ちに帳簿書類が不存在であると認定して」いると主張しています。

山川　えっ！　提示は求められたんじゃないんですか？

春香　現金出納帳といった「帳簿」の提示は求めたけれど、伝票等の書類は提示を求めていない、ということのようです。

所長　おまけに、他の書類はきちんと提示しているようだ。

春香　そして、帳簿ではなく伝票について事務職員が確認しなかったようですね。

山川　なんか、これだけ聞くと、調査がきちんとされていないみたいですね。原処分庁の反論はどうなんですか？

春香　はい。「請求人は、原処分庁の不動産所得の調査の際、原処分庁所属の調査担当職員に、不動産所得に係る帳簿は作成していないとして、現金出納に関する事項（現金取引の年月日、必要経費に係る取引ごとの事由、出納先及び金額並びに日日の残高）を記載した帳簿（以下「現金出納帳」という。）を提示しなかったことから、現金出納帳を備え付けていないものと認められ」ると主張しています。

山川　あくまでも現金出納帳にこだわってるんですね。

春香　それから、伝票を保管していたという点については、「原処分に係る調査の際、請求人は、当該伝票を提示しなかっただけでなく、その存在を明らかにしなかったことから、原処分庁において、当該伝票について確認することができず、帳簿書類の備付け、記録及び保

存が正しく行われているか否かを判断することができなかった」と主張しています。そして、このことは、青色申告の承認の取消事由に該当するということのようです。

山川　伝票の存在を説明しなかったから、だめということか。

春香　そうすると、①現金出納帳のような帳簿を作成するかわりに、伝票等の書類がある場合にそれを「帳簿書類」といえるか、②そのような書類の存在を確認しないで、帳簿の提示がないということで青色申告の承認を取消し更正処分を行うことは適法か、という2点が問題になりますね。

3　処分の適法性についての判断

山川　それで審判所の裁決はどういう内容なんですか。

春香　えっと…裁決では「青色申告制度は、誠実かつ信頼性のある記帳をすることを約束した納税義務者が、これに基づき所得額を正しく算出して申告納税することを期待し、かかる納税義務者に特典を付与するものであり、青色申告の承認の取消しは、この期待を裏切った納税義務者に対しては、いったん与えた特典をはく奪すべきものとすることによって青色申告制度の適正な運用を図ろうとすることにあるものと解されるところ（東京地方裁判所昭和38年10月30日判決）、この青色申告の承認の取消しは、形式上所得税法第150条第1項各号に該当する事実があれば必ず行われるものではなく、現実に取り消すかどうかは、個々の場合の事情に応じ、処分庁が合理的裁量によって決すべきである」と述べて、青色申告の承認取消しについて処分庁の裁量を認めていますね。

山川　で、先ほどの話だと、処分は適法になったわけですね。

春香　そうですね。「所得税法第148条第1項所定の備付け等の義務とは、ただ単に帳簿書類が存すればよいというものではなく、これに対する調査がなされた場合、税務職員においてこれを閲覧検討し、帳簿書類が青色申告の基礎として適正性を有するものか否かを判断しうる状態にしておくことを意味し、青色申告者が上記帳簿書類の調査

に正当な理由なくこれに応じないため、その備付け、記録及び保存が正しく行われていることを税務署長が確認することができないときは、同法第150条第1項第1号が定める青色申告承認の取消事由に該当する」と判断されています。

所長 ただし、「青色申告の承認取消処分を行うか否かの判断に当たっては、所得税法第150条第1項第1号に該当する事実が形式的に存在するか否かだけでなく、請求人の業種業態、事業規模に応じた帳簿書類の備付け及び記録の状況、帳簿書類の提示の状況等の個々の事情をも総合的に勘案し、真に青色申告を維持するにふさわしくない場合に、取消処分を行うべきである」という指摘もされている。

山川 個々の事情を総合勘案する必要性が指摘されているわけですね。

春香 そのようです。本件へのあてはめは次のようにされています。

　本件伝票には、…昭和42年8月31日大蔵省告示第112号(以下「本件告示」という。)に定める事項がおおむね記載されており、取引の記録は一応なされていたと認められる。しかしながら、一般的に「伝票」は取引事実を記載する一定の様式を備えた紙片で、本来記帳の資料として用いられるものであり、帳簿そのものではない。

　請求人は、伝票式会計を採用しており、本件伝票に取引を記載して日付順につづって保管していることが、帳簿の備付けに当たる旨主張するが、いわゆる伝票式会計において伝票を帳簿として利用する場合には、単に伝票を起票するだけではなく、勘定科目ごとに伝票を整理、集計し、日計表その他の諸表票を付加することにより、伝票に帳簿としての機能をもたせているのであって、単なる伝票のつづりと、伝票式会計における帳簿とは、同義ではない。

　本件伝票のつづりは、単に取引の発生順に取引事実を記載したもので、勘定科目ごとに整理、集計されておらず、本件告示の別表第一各号の表の区分(現金出納、収入及び費用に関する事項等)にも分けられていないことから、組織的に整理集合されているとは認められない。…本件伝票のつづりをもって、請求人が、本件告示にいう『必要な帳簿を備え、その取引を同表の第二欄に定める

> ところにより、整然と、かつ、明りょうに記録している』状況にあったとは認め難い。

山川　いくら伝票が揃っていても、「帳簿」そのものではないということですか。でも、提示を求められなかったわけでしょう？

春香　その点については、「本件調査担当職員から現金出納帳の提示を求められた際、作成していないと回答したのみで、現金出納帳に代わるものとして本件伝票のつづりが存在することを本件調査担当職員に告げていない」し、請求人やその税理士は、「現金出納帳に代わるものとして本件伝票のつづりが存在することを告げ、これを提示することは容易であった」のに本件伝票のつづりを提示しなかったのだから、「本件調査担当職員が、それ以上現金出納帳の提示を求めなかったことも無理からぬところ」としています。

山川　代わりのものがあるなら、それをちゃんと示しておけばよかったわけですね。

4　処分の不当性の判断

所長　そうなんだ。それで処分は適法と判断された。でも「不当」だったんだよ。

山川　どういう理由なんですか？

春香　はい。青色申告の承認の取消しは、「所得税法第150条第1項各号に該当する事実及びその程度、記帳状況等を総合勘案の上、真に青色申告書を提出するにふさわしくない場合について行うべきである」と指摘していますね。

山川　さっき、所長が指摘されていた総合勘案の必要性ですね。

春香　そうだと思います。その上で本件について、請求人は、「不動産所得及び農業所得に係る取引のほとんどを本件伝票に記載しており、取引そのものの記録は行っている」し、その記帳状況からすると、「所得税法施行規則第56条第1項ただし書に規定する簡易な記録の方法及び記載事項によって記帳を行おうとしているものと認められ

る」としています。そして請求人が、「本件伝票を収入、経費及び現金出納等の区分ごとに整理、集計し、残高等の記載を追記するなど、整然と、かつ、明りょうに整理していれば、財務省令で定める要件を充足したといえることに照らすと、請求人の帳簿書類の備付け及び記録の不備の程度は、甚だ軽微なもの」と認めています。

そして請求人が、その不動産所得に係る事業のほとんどをJ社または不動産管理業者を介して行っていて、「その収入及び費用は若干の取引を除き定額であり、かつ、賃貸料収入の大部分が銀行口座への振込みであることから、請求人が本件伝票のほか、通帳及び領収書等を集計して計算した本件各年分の所得金額は、十分正確性が担保されていると認められ」るから、「帳簿書類の備付け及び記録の不備により請求人の申告納税に対する信頼性が損なわれているとまではいえない」と判断しています。

山川　請求人は伝票をきちんと記入していたわけだ。あとはちゃんと整理しておけばよかったわけですね。

春香　それから、取引も限られたところであったり、定額であるという特殊性が勘案されていますね。

山川　「提示」についてはどうなんですか？

春香　その点については、本件調査担当職員が、調査の当初に現金出納帳の存否を確認した以外には、請求人の記帳状況について具体的な聴取り等の調査を行なっていないことを認めています。それから、請求人とその税理士は、提示を求められた資料については、提出に応じていますので、「日日の現金取引の状況を確認できる資料の提出を具体的に要求していれば、本件伝票の存在及び記帳状況を確認することは十分に可能であったというべきである」と指摘しています。

山川　なるほど。調査官への対応もきちんとしていたと認められたわけだ。

春香　そのようですね。だから、「請求人が自発的に本件伝票の存在を主張しなかった、又は提示しなかったからといって、直ちに原処分庁が請求人の記帳状況を確認できない状態であったとは認められず、青色申告者が帳簿書類の調査に正当な理由なくこれに応じない

め、その備付け、記録及び保存が正しく行われていることを税務署長が確認することができないとき…に該当するとまではいえない」と判断しているのでしょう。

所長　そして、これらの事情を総合勘案して、「本件は、真に青色申告を維持するにふさわしくない場合とまでは認められないから、本件取消処分は、不当な処分と評価せざるを得」ないという結論になったわけだ。

山川　なんだか、おもしろいですね。

春香　そうですね。裁決の段階で、処分が不当であるという理由で取り消されたなんて初めて聞きました。

所長　私もだよ。こういう判断がこれまでなかったことが大きな問題かもしれないな。

春香　訴訟ばかりでなく、こういった裁決もこれからは重要になってきますね。

所長　そうだね。行政不服審査法の改正もあるし、不服申立てをきちんと勉強し、活用できるようにしなくてはいけないな。
春香　不服申立ては訴訟と違って、私たち税理士も代理人ができますからね。しっかりがんばらないと！
山川　はい、がんばります！

STUDY この裁決から学ぶこと

☑ 不服申立ての段階では、違法による取消しだけでなく、不当による取消しも求めることができる。
☑ そして、処分が適法であっても、不当であれば取り消されることがある。

補論

　これまで、裁決段階で、処分が不当であるという理由で取り消された事例は、雇用保険や健康保険関係でわずかにあるだけでした。おそらく課税処分については本裁決が初めてのものでしょう。本論でも示したように、本来は不当による取消裁決があってもおかしくないのです。今回、初めてそういった裁決が出たということは画期的な意味があるといえます。
　また、審査請求に関する行政不服審査法は平成26年6月に改正されています。そこでは、不服申立ての手続を審査請求に一元化することや、不服申立前置の見直し等、不服審査制度の公正性の向上、使いやすさの向上、国民の権利救済手段の充実が図られています。今後は新制度のもとで、より充実した権利救済がなされることが期待されます（なお、改正内容については「エピローグ」を参照してください）。

私の事件簿
忘れさられがちな「届出書」

東北ブロック　三上広美

　A社は、当期土地譲渡益が5,000万円発生しました。そこで、節税を図るために必要となる機械装置を先行して取得して即時償却または税額控除が適用できる生産性向上設備投資促進税制を活用することとし、A類型の設備であることの確認のために工業会等からの証明書を入手していました。

　決算期間近になり、より詳細な損益予想をしていた最中、職員が、「所長、土地について平成21年に先行取得をして将来他の土地の譲渡をした場合、その譲渡益を圧縮できる『先行取得をした土地等の届出書』を税務署に提出しています。ですから、土地譲渡益の80パーセントは圧縮できるのではないでしょうか？」と報告してきました。

　私は、「先行取得をした土地等の届出書」を提出していたことをすっかり忘れていました。A社も同じで、A社の経理担当役員より「よく見つけてくれた。さすが先生の事務所だ！」と、とても喜んでくれました。

　この特例は、平成21年1月1日から平成22年12月31日までの期間内に、土地等の取得をし、その取得の日を含む事業年度の確定申告の提出期限までに、先行取得土地等に関して「先行取得をした土地等の届出書」を納税地の所轄税務署に提出した場合において、その取得の日を含む事業年度終了の日以後10年以内にその法人の所有する他の土地等を譲渡した場合、その譲渡益の80パーセント（平成22年の取得による先行取得土地等の場合は60パーセント）相当額の範囲内で圧縮記帳ができるとして創設されたものでした。

　私が、職員のNさんに「届出書をよく見つけたわね」と誉めると、Nさんは「届出書は直近の申告書の上に綴ることになっているので、申告書綴りを見てわかったのです」とのことでした。

　職員のNさんは、当事務所の「届出書」の保管の決まりどおりにして

いたため忘れないで済んだのでした。めでたし、めでたし。

この事例では、将来適用できるかどうかわからない事象について事前に届出書を提出しておく場合、その管理の重要性を痛感しました。届出書は申告書にファイルするだけでなく、土地の資産明細等にも先行取得土地等の適用がある旨の記録をする等二重のチェック体制が必要でしょう。

書類・資料は、大きく分けて複数年使用する永久綴込のものと当年のみ使用する当座綴込のものに分類されます。永久綴込の書類・資料は、絶えず記載内容の改廃、変更等に注意し常に最新の内容を保つことが必要です。また、当座綴込の書類・資料のうち複数年使用するものは、決算終了後永久綴込の書類・資料にタイムリーに移し替えることが大切です。

ところが、今回のこの特例要件を改めて確かめてみたところ、特殊の関係のある者から先行取得した土地等は該当しないことが判明し、愕然としました。改正税法の大綱や、改正税法の概要の解説では、創設当初は譲渡者の要件はほとんど記述されていませんでした。後日公表された条文では細かく規定されていました。条文をよく読まないで「届出書」を提出していたのです。

本事例の土地は、特殊の関係のある社長から取得したものでした。結果的に、「届出書」を提出していたことに気づいたものの、元々特例を適用できない「届出書」を提出していたことになってしまいました。

万事休すか！　…と思ったのですが、たまたまラッキーなことに、A社は即時償却または税額控除を適用すべく工業会の証明書を入手していましたので、この特例を適用して節税することができました。

この事例の教訓は、①将来の課税の特例に関する届出書の保管のルールが極めて重要であり、それを怠ると大事件になりかねないこと、②届出書を提出するにしても、適用要件をよく確かめてから提出することが大切であるということでした。

月次の決算業務において、期末の損益予想を早い時期に行っていたのが功を奏した結果でした。

第13話 継続的取引は突発的事故？
—損害賠償金の非課税所得該当性—

> 違法な勧誘を受けて行った商品先物取引について、損害賠償請求を行うケースがありました。この場合に得られた損害賠償金について課税されたのですが、裁判所で非課税所得と判断されました。今回はこの事例を紹介しましょう。

1 商品先物取引の違法な勧誘

春香 この判決[38]、ちょっとおもしろいですよ。
山川 どんな事例ですか？
春香 損害賠償金の非課税所得該当性について争った事例です。
所長 大分地裁の事案だね。
春香 そうです。施行令の趣旨を考慮した判断ですね。
所長 そうだな。たしかにおもしろい事例だね。
山川 何ですか、2人だけで。僕にも参加させてくださいよ。
所長 この事例を知らないとは、山川君はまだ勉強が足りないかな。春香さん、説明してあげてくれないか。
春香 はい。まず、前提として民事訴訟があります。
山川 そうか。民事訴訟で損害賠償金を勝ち取っているわけですね。
春香 はい。Xは、A社に委託して商品先物取引を行っていました。しかし、約1年半の間に6,000万円以上の損失が生じたのです。
山川 そんなに！ すごいですね。その損失に対する損害賠償ですか？

---

[38] 大分地裁平成21年7月6日判決、裁判所ウェブページ・税資259号順号11239。評釈：奥谷健・税務事例42巻1号1頁（2010年）等。

春香　どうやら、A社の従業員らが、Xに対して最終的に多額の損失を被るかもしれない危険性を通知しないで、ひたすら取引の長期化と大規模化を目指して、そこから徴収できる手数料を増やすことだけを念頭に取引の勧誘を行ったということで、取引勧誘行為は不法行為にあたると評価されたようです。

山川　A社が自分の儲けだけを考えて、違法な勧誘を続けた結果の損害ということですね。

所長　ただし、売買差損や過失相殺もあるから、全額が損害として認められたわけではないね。

春香　そうですね。そこで、A社もXも控訴していたのですが、結局高裁で和解が成立したようです。

山川　なるほど、損害賠償金は非課税所得として規定されているけれど、和解金は規定がないから課税、というわけですね。

春香　そんな単純な話ではありません。

2　争点と当事者の主張

山川　そりゃ、そうですよね。すみませんでした。じゃあ、何が問題なんですか？

春香　争点はいくつかありますが、中心は所得税法施行令30条2号に該当するか、ということです。

【所得税法施行令30条】
　法第9条第1項第17号（非課税所得）に規定する政令で定める保険金及び損害賠償金（これらに類するものを含む。）は、次に掲げるものその他これらに類するもの（これらのものの額のうちに同号の損害を受けた者の各種所得の金額の計算上必要経費に算入される金額を補てんするための金額が含まれている場合には、当該金額を控除した金額に相当する部分）とする。
（中略）
　　二　損害保険契約に基づく保険金及び損害保険契約に類する共済に係る契約

> に基づく共済金（前号に該当するもの及び第184条第4項（満期返戻金等の意義）に規定する満期返戻金等その他これに類するものを除く。）で資産の損害に基因して支払を受けるもの並びに不法行為その他突発的な事故により資産に加えられた損害につき支払を受ける損害賠償金（これらのうち第94条（事業所得の収入金額とされる保険金等）の規定に該当するものを除く。）

山川　これのどこが問題になるんですか？

所長　「不法行為その他突発的な事故により資産に加えられた損害につき支払を受ける損害賠償金」というところだよ。

春香　その点について被告は、「『突発的な事故によ』る場合と同様の場合、すなわち被害者の合意に基づかない行為に基因する損害など突発的で予想することができない災害・事故等に基づく損害をいうと解すべき」と述べて、本件のような継続的取引は突発的な事故のように、被害者の合意に基づかないものではないと主張しています。

山川　取引として合意しているということですね。

春香　はい。この主張の根拠として、この規定の制定に関連する昭和36年12月の税制調査会答申が示されています。

山川　どういう内容なんですか？

春香　その答申に、「非課税所得とすべきかという点の判断基準は、それが突発事故、つまり相手の合意をえない予想されない災害であったかどうかというところに基準を置くほうが、常識的に妥当と思われる」という記述があるようです。

山川　取引に関しては合意があって損失が予想できる、ということか。

所長　そういうことだね。

山川　それに対して、原告側はどういう主張をしたんです？

春香　原告は、「所得税法9条1項16号〔現行は17号：筆者注（以下同じ）〕は、損害賠償金が非課税である基本を確認しているものであって、同号にいう『その他の政令で定めるもの』とは、それ以外の非課税となる損害賠償金等という意味に解すべきである。すなわち、同号

は、政策的に非課税とする損害賠償金を独自に政令で定めることを想定しての委任規定であるから、『政令で定めるもの』は『突発的な事故』に限定されていない」と主張しています。

山川　損害賠償金であれば非課税だ、ということですね。

春香　そうだと思います。

山川　例の「突発的事故」との関係はどうなんですか？

春香　その点については、「法施行令30条2号が『不法行為その他突発的な事故により資産に加えられた損害』と規定する『不法行為』には、取引的不法行為も含まれ、被告のいう突発的な事故によるものだけに限定されていない」と述べています。また、「取引的不法行為の場合も、加害者の不法行為によって予想しない損害が発生するのであるから、『突発的な事故』である」とも指摘しています。

山川　そうすると、原告としては、継続的な取引でも不法行為により資産に加えられた損害だから、本件和解金のうち損害賠償金に相当する部分は非課税だ、ということですね。

所長　そうだ。理解できてきたな。

山川　これで、納税者が勝ったということですよね。どういう内容ですか？

3　大分地裁判決

春香　はい。大分地裁は、被告が根拠に挙げていた税制調査会の答申の考え方を次のように整理しています。

（ア）物的損害に対する補償については、それが不法行為その他突発事故による損失であるか、それ以外の損失、すなわち契約、収用等による資産の移転ないし消滅に基づく損失であるかによって区分するとともに、さらに、その対象となる資産が生活用資産であるか、又はそれ以外の資産であるかどうかによって区別してその取扱いを定めるのが適当である。

（イ）不法行為その他の突発事故によるもの
　　　生活用資産に関する損害に対する補償金等については、これによって補

> てんされる利益は、もし、その損害がなかったならば課税されなかったはずである資産の評価益等であるから、非課税とする。
> 　生活用資産以外の資産に関する損害に対する補償金等については、資産損失に対する補償金は、もしその損失がなかったならば、その評価益には課税されなかったはずであるから、非課税とし、一方たな卸資産に対する補償、休業補償等のような収益補償は、本来課税されるべき所得に代わるべき性質のものであるから、課税所得とする。

春香　これを前提に、「不法行為により資産に加えられた損害に基因して取得する損害賠償金で、収益補償に当たらないものは、本来課税されるべきでない実損害を補てんする性質を有するものであるとの立法趣旨の下に、所得税法9条1項16号は、『突発的な事故』の中に『不法行為』が含まれることを前提として、突発的な事故により資産に加えられた損害に基因して取得する損害賠償金など政令で定めるものを非課税とする旨規定して、その定めを政令に委任し、これを受けた法施行令30条2号が、…不法行為その他突発的な事故により資産に加えられた損害につき支払を受ける損害賠償金が非課税となることを定めたものと解するのが相当である」と判断しています。

山川　つまり、「突発的事故」のなかに「不法行為」が含まれているから、本件のような不法行為による損害賠償金も非課税だということですか。

所長　そういうことだよ。

山川　でも、継続的な取引の勧誘が「突発的事故」ってなんだか変な感じですね。

春香　たしかに。でも、「不法行為その他突発的な事故」による損害なので、損害が不法行為による場合と、突発的な事故による場合とがある、という理解もできます。

所長　そうだね。

山川　でも、裁判所は、「突発的な事故」のなかに不法行為が含まれているといっているのではないですか。

春香　そうですね。「突発的な事故」も不法行為による場合と、そうでない場合があるということではないでしょうか。
山川　どういう場合です？
所長　それについては、答申のなかで「飛行機の墜落、近隣の火薬庫の爆発等」というのが挙がっているね。
春香　つまり、そういう不可抗力による場合ですね。
山川　すごい例えだな。…でも、なんとなくわかりました。
春香　この判決では、答申の内容を限定的に解そうとした被告の主張が斥けられています。
所長　そのとおりだ。やはり答申の理解に関しては被告の主張に無理があったように思うね。損害賠償金は、もともと生じていた損害を補てんするものであれば、新たな利得、つまり「所得」を生み出すものではないから、継続的な取引に関するものであっても非課税とすべきだろう。
山川　「損害の補てんだから、非課税」という考えを徹底すべきなんですね。

春香　所長、山川さんがよくいう「そのうち、この事務所のお役に立ちます」っていうのも違法だといって損害賠償請求してみましょうか。

山川　春香さん、それはないですよ〜。

STUDY この判決から学ぶこと

- ☑ 損害賠償金は、損害に対する補てんであるため、新たな利得はなく非課税となる。
- ☑ 不法行為が継続的な場合でも、所得税法施行令30条2号における「突発的な事故」に不法行為が含まれており、それに対する損害賠償金は非課税となる。

補論

　　本判決は控訴審（福岡高裁平成22年10月12日判決・税資第260号順号11530）でも、納税者が勝訴しています。同じく、先物取引の不法な勧誘に関する損害賠償金が問題になったものとして、名古屋高裁平成22年6月24日判決（裁判所ウェブページ・税資260号順号11460）もあり、同様の判断が示されています。

　また、有価証券報告書の虚偽記載による株価暴落に対する損害賠償金について、神戸地裁平成25年12月13日判決（判時2224号31頁）で、同様に損害賠償金が非課税所得に該当すると次のように示されています（「私の事件簿」〈あなたの裁判の判決文貸してください！〉を参照）。

> 原告らは、本件虚偽記載という不法行為に起因する取引所市場の評価の誤りに基づいて、A株式の取得時に、本件虚偽記載がなかったならば支払う必要の

第13話　継続的取引は突発的事故？ ―損害賠償金の非課税所得該当性― 173

なかった取得時差額を支払っており、これによる損害が、本件公表によりＡ株式の市場価額が暴落したときに、その下落部分の中に現実の損害として発生したことになる。そして、原告らは、本件損害賠償金により、その補てんを受けたものであって、本件損害賠償金は、Ａ株式の価値が失われることによって原告らが被った損害を回復させたものにすぎず、原告らに担税力のある利得をもたらすものではないから、本件損害賠償金については、正に、所得税法9条1項16号及び令30条が損害賠償金を非課税所得とした趣旨が当てはまるものというべきである。

　これらの判決から、損害賠償金の非課税所得該当性は広く認められていると考えられます。

私の事件簿

成年後見制度と高齢化社会

東北ブロック　三谷美重子

　成年後見制度に関し、印象的な事例がありました。
〈事例1〉
　私が被成年後見人Ａさんの所得税申告をしたのは、平成18年3月のことです。依頼者は、Ａさんの10歳年下の弟で成年後見人Ｂさんです。Ａさんは広島県三原市在住であり、Ｂさんは私の居住地である山形県酒田市在住です。Ａさん（当時87歳）は、平成16年7月に後見開始の審判を受けています。医者の診断では「脳血管性認知症」とされ、所見として会話・意思疎通・歩行等が不能であり重度の認知症で介護度5となっています。
　Ａさんは夫を平成16年1月に亡くしており、夫婦に子供はなく親族や近所付き合いもほとんどなく、夫の病気患いによりＡさんへの介護、食事供与も不十分だったようです。ＢさんらＡさんの兄弟が広島を訪問した際には、家の中は雑然としてＡさんは寝たきりでやせ細っていたそうです。平成18年の申告は、夫から相続した居宅の譲渡に関するものでした。
　申告から2年程たった平成20年8月、Ｂさんから別件の相談を受けることになりました。その後Ａさんは、特別養護老人ホームに入所し、充分な看護により体力を回復していったそうですが、一方でＢさんは肺癌を患って余命が限られるというのです。
　そこで成年後見人を辞任すると同時に報酬付与の請求をし、新たにＡさんの姪を成年後見人にしたいというものです。そして、これらの手続は煩雑なことから地元の司法書士に依頼していたそうですが、業務完了前に高齢のためその司法書士が死去してしまったので、何とか手伝ってほしいというものでした。私は、裁判所への訪問を幾度かして何とか業務をサポートできたものの、この事例の一連の流れから改めて高齢化社会の問題を考えさせられました。

〈事例2〉
　同級生の友人Zさんから、その弟Yさんの死去による相続税申告の依頼を受けたのは、平成24年6月のことです。
　Yさんは当時57歳で生涯独身でした。一方、相続人は90歳の父親と85歳の母親です。父親は高齢ながらお元気で意思疎通も可能でした。母親は何年か前から特別養護老人ホームに入所し、認知症で事理判断はできない状態でした。Yさんの遺産分割では、少額の生命保険金を除き、すべて父親が相続することにして相続税申告をしました。
　ところがYさんの死去後1年4か月後の平成25年5月になり、今度は元気そうだった父親が死去したという連絡をZさんからもらったのです。相続人は、母親とZさんお2人です。多額の預貯金をしている地元農協から今度はさすがに母親に成年後見人をつけてくれとの注文がつきました。身内に適切な者がなく、それなりの遺産額があったことから、成年後見人には裁判所にて弁護士が選任されました。
　母親は、寝たきりで資金使途も施設や身の回り品の費用のみです。遺産を相続しても使い道がないのです。しかし、成年後見人たる弁護士は母親の法定相続分はシビアに確保するのがその責務です。そこで、登記手続等の煩雑さが伴う財産や果実を生む資産をZさんが相続し、預貯金を中心に母親が相続することにして申告納税をしました。相次相続の税額軽減を適用したことはもちろんです。
　父親が母親より先に亡くなるなら一次相続（Yさん）で母親に一定の財産を相続させるべきだったか、また、一次相続（Yさん）と同様に二次相続（父親）で母親に成年後見人をつけなくて済んだとしたら、Zさんが全財産を相続することで、将来三次相続の申告は不要であったのにとも思います。
　人の命は、誰しも読めませんねぇ。子が両親より先に逝くこともあれば、施設で手厚い看護を受ける者が思いのほか長生きしたり、成年後見制度が必ずしも当事者の利益にならないことがあったり…。いろいろ考えさせられた事例でした。

第14話 破産したゴルフ場の会員権の行方

　ゴルフ場の会員権は通常、資産性を有し譲渡所得の対象となります。しかし、ゴルフ場が破産してしまった場合、もうプレーはできなくなります。この場合の会員権の取扱いはどうなるのでしょう。ゴルフ場が再建して、またプレーができるようになった場合はどうなのでしょう。国税庁の取扱いも変更されていますので、これに関する事例を紹介しましょう。

1　ゴルフ場会員権の取得と譲渡

所長　いや～、この週末のゴルフは疲れたね。でも、スコアはよかったよ。
春香　所長はゴルフがお好きですね。
所長　本当に、いい運動になって気分転換にもなるからね。
春香　そうなんですか。私も始めてみようかしら。
所長　じゃあ、一度一緒に行ってみるかい？
山川　何をゴルフの話で盛り上がっているんですか。
所長　いや、週末のスコアがよくて、ついね。山川君に注意されるとはね。
山川　水を差すようで何なのですが、ゴルフ会員権を譲渡した際の取扱いについて、国税庁が一部変更していますよ。
所長　それは、興味深いね。確認してみないと。
春香　所長はゴルフとなると素早いですね。
所長　いや～、ははは。
山川　これですよ、所長。

【更生手続等により優先的施設利用権のみとなったゴルフ会員権をその後譲渡した場合の譲渡所得に係る取得費の計算】（国税庁ウェブサイト）

【照会要旨】
　ゴルフ場経営会社について、会社更生法による更生手続が行われ、預託金債権が全額切り捨てられましたが、優先的施設利用権については、更生手続の前後において変更なく存続し同一性を有するものとされました。この度、この優先的施設利用権のみとなったゴルフ会員権を譲渡しましたが、譲渡所得の取得費は、次の計算でよいでしょうか。

（事例1）
更生手続前のゴルフ会員権は、次のとおり新規募集に応じて取得したものです。
　入会金　　　500万円
　預託金　2,000万円
　預託金債権が全額切り捨てられていることから、取得価額から切り捨てられた預託金債権部分を控除して、更生手続により優先的施設利用権のみとなったゴルフ会員権の取得費を算出します。

$$\underset{(預託金)}{(2,000万円)} + \underset{(入会金)}{(500万円)} - \underset{(預託金の金額切捨て分)}{2,000万円} = \underset{(取得費)}{500万円}$$

（事例2）
更生手続前のゴルフ会員権は、次のとおりゴルフ会員権取引業者から取得したものです。
　ゴルフ会員権の購入価額　　　250万円
　購入時に支払った名義書換料　100万円
なお、このゴルフ会員権の新規募集時の入会金及び預託金は、次のとおりとなっています。
　入会金　　　500万円
　預託金　2,000万円

① まず、取得価額に含まれる優先的施設利用権に相当する部分の価額を会員募集時の預託金と入会金から按分して算出します。

なお、この算出した価額(優先的施設利用権に相当する部分の価額)が入会金の額を超える場合には、ゴルフ会員権の購入価額から預託金の額を控除した額となります。

$$250万円 \times \frac{500万円}{(2{,}000万円+500万円)} = 50万円$$

（ゴルフ会員権の購入価額）× （入会金 / 預託金＋入会金）＝ 優先的施設利用権に相当する部分の価額

② 次に、①により算出された取得価額に含まれる優先的施設利用権に相当する部分の価額と購入時に支払った名義書換料から、更生手続により優先的施設利用権のみとなったゴルフ会員権の取得費を算出します。

（優先的施設利用権に相当する部分の価額）＋（名義書換料）＝（取得費）

$$50万円 + 100万円 = 150万円$$

【回答要旨】

照会意見のとおりで差し支えありません。

なお、優先的施設利用権が更生手続の前後で変更なく同一性を有していると認められない場合には、更生手続により取得したゴルフ会員権の取得時の時価相当額になりますので、ご注意ください。

(注) 預託金債権の一部が切り捨てられたケースは、この質疑応答事例には該当しません。

【関係法令通達】

所得税法第38条

注記

平成26年7月1日現在の法令・通達等に基づいて作成しています。

この質疑事例は、照会に係る事実関係を前提とした一般的な回答であり、必ずしも事案の内容の全部を表現したものではありませんから、納税者の方々が

行う具体的な取引等に適用する場合においては、この回答内容と異なる課税関係が生ずることがあることにご注意ください。

所長　更正手続により優先利用権のみとなった場合か。私のは大丈夫かな。
春香　所長、ご自分のことだけ考えないでください。
所長　いや、きちんとクライアントのことも考えているよ。だけど、まず自分のことが気になるだろう。
山川　なんで、この取扱いが変わったのでしょうね。
所長　それは、判決の影響だと思うよ。たしか、東京地裁平成23年12月13日判決[39]だ。
山川　調べてみます。
春香　ありました。
山川　えっと、原告が昭和61年にＡ社に対して、入会金380万、預託金1,520万の合計1,900万を支払って、会員権を取得か。会員権ってすごく高いんですね!!
春香　本当ですね！
所長　今はそんなことより、判決を確認しよう。
春香　そうですね。
山川　その後、Ａ社が業績悪化で会社更生手続を開始したわけです。
春香　原告は、更生計画によって付与された新株引受権を行使して、新株の発行を受けていますね。
所長　そうすると従来同様に、ゴルフ場でのプレー権が保証されるだろう。
山川　さすが、詳しい。でも、原告はその後、そのプレー権と新株を譲渡しました。

2　ゴルフ会員権の取得費

春香　その譲渡所得の計算についての取得費が問題になっています。
山川　当初は1,900万を取得費として申告していますね。

---

[39] 税資261号順号11832。評釈：久乗哲・税務事例44巻11号32頁（2012年）等。

春香　でも、途中でA社との間で保証金の返還として株式を得ていますので、その差額920万円に修正申告しています。

所長　それは控除できないと困るだろう。損失も出ているなら損益通算の対象になるのではないか。

山川　でも、税務署長は、会社更生手続の前後で、従前のA社の会員権との同一性がないと判断したみたいですよ。

春香　その結果、もともとの会員権の取得時期も取得費も引き継げないことになってしまいます。

所長　短期譲渡所得になってしまいそうだね。それから、取得費はどうなったかな？

山川　取得の日の時価で評価されています。90万円ですね。株式も同様で、28万円です。

春香　どうして、こんな違いが出たのかしら？

所長　それはだね。原告は、更生手続を開始しても、A社は存続していると認識しているのだよ。だから、会員権も残っている。その会員権に付されていたプレー権や、従前の株式が新株に替わっただけと考えたわけだ。

山川　じゃあ、税務署長は、A社が消滅したと理解したのですか？

所長　ちょっと、違うね。更生手続の開始によって、会員権としてのプレー権と従前に所有していた株式が消滅したという認識だろう。更生手続後に、新たに会員権、つまりプレー権と株式を取得したということになる。

春香　それで、取得時期や取得費が変わってくるのですね。

山川　ゴルフ会員権については所長に聞くのが一番ですね。

3　東京地裁判決

春香　東京地裁は、ゴルフ会員権の性格を「株主会員制のゴルフ会員権は、ゴルフ場施設の優先的施設利用権（プレー権）、年会費等納入義務、ゴルフ場経営会社の株主権等の権利義務関係を内容とする包括的な契約上の地位であり、通常、ゴルフ場経営会社の株式を有すること

が上記優先的施設利用権を有する者となるための要件とされ、上記契約上の地位は当該株式に表象されるものとされ、その譲渡等の場面において一体的な権利として扱われている」としていますね。

ただし、これはあくまで、「そのような会員契約上、包括的な権利（契約上の地位）として一体的に扱われているためにすぎず、優先的施設利用権等と株主権とは本来的に性質上不可分なものではないし、合意によってその関係を切り離すことも可能なのであって、ゴルフ会員権を構成する各権利の消長が常に一体として生ずるということにはならない」といっています。

山川　ということは、被告の理解とは異なりますね。

春香　そうだと思います。会員権とプレー権、株式を個別に理解しているように見えますね。

山川　更生手続の前後で同一性がなくなるんでしょうかね。

春香　その点については、「本件更生手続後における本件ゴルフ会員権のうち、本件会社の株主権に関する部分は、そもそも法律上優先的施設利用権（プレー権）を中核とするゴルフ会員権と別個独立の財産として観念し得る本件旧株式が一旦無償償却され、新たに付与された新株引受権の行使によって本件新株式を取得したという点において、その同一性が失われたということができるものの、その余の債権的契約関係については、その基本的な部分である優先的施設利用権（プレー権）及び年会費等納入義務には変更がない以上、当該債権的契約関係については、なお従来の法律関係が維持されているものと認めるべきである」としています。同一性を認めていますね。

山川　なるほど。これで原告の勝訴ですね。

春香　単純にそうとはいえないようですね。

山川　どういうことです？

所長　会員権には、プレー権と株式部分があるだろう？　それらを個別に判断したのではないかな。

春香　そのとおりです。

山川　つまり、全面的に勝ったわけではないのですね。

春香　はい。プレー権は同一性が認められていますが、株式は旧株式と新株式ですので、同一性がないという判断です。
山川　…あっ、本当だ。旧株式は無償消却されて、新株を取得したという認定ですね。
所長　株式は短期譲渡所得で、取得費は28万円だったかな。
山川　プレー権はどうなるのかな？
春香　そちらは、もともとの1,900万円をベースに、途中で株式に転換した600万円と、残額920万円を引いた380万円ということですね。
所長　それで、個別に譲渡所得の金額を計算するということか。
山川　なんだか面倒ですね。
春香　この判断は高裁[40]でも維持されたようですね。

4　従来の判決との違い

所長　この判決は興味深いね。
山川　ゴルフが関係するからですか？
所長　それだけじゃないよ。会員権の資産としての同一性を認めた点だよ。
春香　えっ。今までは認められていなかったんですか？
所長　従来の判例等では、プレー権、年会費等の納入義務、株主権を一体として評価するとされてきた。今回の判決でも示されていただろう。
春香　そうでした。プレー権がその中心になりますね。
山川　でも、本件では、プレーがまだできたという点に着目されたわけですね。
春香　だから、プレー権を他とは分けて検討したということですか。
所長　そういうことだね。これは重要な意味を持っていると思うよ。
春香　だから、国税庁も取扱いを変更したのですね。
所長　おそらく、そうだろう。
山川　納得しました。

---

[40]　東京高裁平成24年6月27日判決（税資262順号11977）。評釈：中島孝一・税経通信67巻15号4頁（2012年）等。

所長　ところで、春香さん。ゴルフを始めてみるかい？
春香　いや～、今回の事例でもわかりましたけど、会員権ってものすごく高いじゃないですか。それにクラブも買わないといけないとか。そんなお金の余裕、私にはまだありませんよ。
山川　所長、僕も始めてみたいんですよ！　ですから、まず我々の給料を上げてください。
所長　よし、給料を上げてその代わり、山川君からはレッスン料を取ってやろう。
山川　それじゃ、意味ないじゃないですか～。
春香　やっぱり、所長のほうが一枚上手でしたね。

STUDY この判決から学ぶこと

- ゴルフ会員権は、①プレー権、②年会費等納入義務、③株主権の3つの権利関係が一体となった契約上の地位である。
- そのうち、プレー権が中核をなすものであるため、会社更生手続の前後でもプレー権が維持されていれば、資産としての同一性が認められる。
- 同一の資産であれば、取得費、取得時期が引き継がれることになる。

補論

　本判決を受けて、国税庁ウェブサイトに質疑応答事例として対応の変更が示されました。

　従来は、預託金債権の全額が切り捨てられた場合に、更生手続によって取得したプレー権のみの会員権を譲渡しても、取得時の時価が取得費として控除されるだけでした。そのため、その損失は課税上考慮されていませんでした。

　この変更によって、プレー権をもとに会員権の同一性が維持されていれば、取得費の引継ぎが認められるようになりました。この変更は実務的にも影響があるといえるでしょう。

私の事件簿

初めての税務調査

中国・四国ブロック　横山佳苗

　税理士試験も無事に官報合格し、会計事務所に就職して初めての確定申告。不動産所得の申告をする顧問先と打合せをしていた際、前年に地震で被災し多額の修繕費がかかったという話を聞いたものの、前年（平成13年）申告書に雑損控除の記載がありませんでした。所得税の科目合格者としては、「なぜ？」。

　まず、前年の資料を調べたところ、自宅兼店舗の修繕費部分は不動産所得の経費として計上されていたものの、不動産所得に関係しないその他資産の修繕については、雑損控除の申告をしていないことがわかりました。これは、「更正の請求」をしなければ！

　しかし、まわりからは反対されました。「きっと税務調査が来るから」と。そこで、その顧問先と話し合いをした結果、被災した平成13年分の更正の請求と平成14年分確定申告書を一緒に提出することになりました。

　無事に税金の還付金も振り込まれ、ほっとしたのもつかの間、その年の7月に税務署から連絡があり、やっぱり税務調査を受けることになりました。もちろん、人生初めての税務調査！　当日来られた調査官は「特別国税調査官」。白髪交じりの60歳前後の男性1人で、想像以上の威圧感にドキドキでした。

　更正の請求をした雑損控除は特に触れられず（詳細な資料も添付して提出していたので当たり前ですが）、不動産所得の金額について次の指摘を受けました。

　「幾つかある賃貸マンションのうち3室については建物の取得価額が、10万円単位以下がラウンド数字（00,000）になっているから、建物部分と土地部分が分けられていないのではないか？」と。

指摘を受けたマンションを取得したのは昭和57年、すでに20年ものあいだ定率法で減価償却を続けてきた物件です。マンション購入時の契約書を確認したところ、建物と土地が分けられて記載されていなかったものの、購入金額と計上している建物の取得価額が一致していることが判明、調査官の指摘どおり、建物の取得価額に土地部分も含まれていたのです。

　今であれば明確に建物と土地の金額の記載がなくても消費税の額から推測できるものの、昭和57年当時なので、土地の金額を推測することができません。そこで調査官より、その他所有する賃貸マンションの購入金額に対する土地割合の平均が34.5％であるので、購入金額の34.5％を土地の取得価額とし、3年前の期首簿価からその土地の金額をマイナスした上で減価償却費を計上するように指摘されました。

　指摘どおりに修正すれば20年ものあいだ計上してきた減価償却費のうち、土地部分に対する減価償却費を結果的にすべて否認されるのと同じではないか？　これを何とか回避したい。

　しかし、税務調査が初めての私は交渉のトークができず、「これまで計上してきた土地部分に対する減価償却費については目をつむっていただいて、3年前の期首簿価を34.5％減額して減価償却費を計算させてほしい」といってしまいました。

　つい、口から出た「目をつむっていただいて」という言葉。これはいらなかったと今でも悔やんでいます。調査官から「そんなことができるわけがないだろう」とあっさりいわれてしまいました。

　その後も何度か出直して話をした結果、「7年前の期首簿価を34.5％減額した上で再計算を行い、平成12年、平成13年、平成14年の過大となっている減価償却費を否認する」ということで、修正申告を提出することとなりました。

　7年前の期首簿価を修正するということ、国税通則法70条4項に「偽りその他不正の行為によりその全部若しくは一部の税額を免れ、若しくはその全部若しくは一部の税額の還付を受けた国税」については、「当該各号に定める期限又は日から7年を経過する日まで、することができる」とあ

ります。今回の調査事案は、決して「偽りその他不正の行為によりその全部若しくは一部の税額を免れ」た訳ではないので、当時もう少し経験と交渉術があれば、3年前の期首簿価の減額で通せたのではないか、と思っています。
　ただ別の視点から考えれば、7年前の期首簿価の34.5％が土地の取得価額とみなされたこととなり、売却時には正しい土地の取得価額との差額が結局課税されることになるので、あそこまで意地にならなくてもよかったのかもしれないな、とも思いながら、初めての税務調査をふり返っています。

第15話 継続的ギャンブル？
―ネット競馬払戻金課税事件―

　一般には競馬の払戻金等、ギャンブルで得た利得は一時所得として課税されることになっています。しかし、最近ではネット取引を通じて、大量に、また継続的に馬券を購入できますし、予想ソフトも出てきて的中率も高まっているようです。そこでネットを通じて、大量に馬券を購入し、継続的に利益を得ていた場合に、「一時」所得として取り扱われるのでしょうか。今回はこの点が問題になった事例を紹介しましょう。

1　ネットを通じた馬券購入

山川　いや〜、すごいですね。こんなに稼げるものなんですね。
春香　山川さん、何の話ですか？
山川　ほら、最近話題になっているネット競馬のことですよ。
春香　なるほど。たしか30億円を超える払戻金を5年間で得ていた、という事例ですね。
山川　それですよ。すごいですよね。
所長　本当にすごいね。しかし、それを申告していなかったのがその事例の問題だね。
春香　それはそうですね。
山川　しかし、こんなに当てるなんて本当に天才ですよね。うらやましい。
春香　私はよくわからないのですが、競馬ってそんなに儲かるものなんですか？
所長　インターネットを通じて馬券を購入することで、可能になったようだね。

山川　そう、最近は、インターネットを通じた馬券購入システムがあるんですよ。PAT方式、通称A-PATというんですけどね。

春香　山川さん、詳しいんですね。

山川　いや、このニュースを見てから、競馬に興味を持っちゃって。

所長　その方式だと、全国のほぼすべてのレースについて馬券を購入できるようだね。

山川　そのようですね。

春香　でも、馬券を購入できるからといっても、当たらなければ意味がないですよ。

山川　そこは、大丈夫！ 予想ソフトも結構よいものが出ているみたいです。

所長　それに、この事例では、本人がかなり過去のレース結果等のデータを集めて、それらも合わせて的中率を高めていたようだね。

春香　すごいですね。

山川　そうなんですけどね。申告していなかったから、単純無申告罪（所法241条）に問われたわけですよ。

春香　それで、払戻金が一時所得として課税されたわけですね。

山川　それに対して納税者は、一般的な一時所得ではなく、雑所得だと主張しているんです。

春香　税額に差が生じることになりますね。でも、一時所得のほうが2分の1課税だから有利なんじゃないんですか？

山川　そうでもないんです。この場合は、外れ馬券の購入費用を経費として引けるほうが有利だったようです。

春香　そうなんですか。すごい購入方法なんですね。

山川　本当ですよね。

所長　2人ともちょっと待ってくれ。単純無申告罪で課税されるというのは、ちょっと誤解がないか。

春香　どういうことですか？

所長　無申告なら税額の決定処分が行われて税額が決まるはずだ。

山川　そういわれれば、そうですね。

所長　つまり、課税処分と無申告に対する刑事罰を問うという2つの問題があるのだよ。

春香　そうなんですね。誤解していました。

所長　そこを整理しておかないといけないね。訴訟での基本的な主張は同じだろうから、余計にこの点を理解しておかなければならないだろう。

2　当事者の主張

山川　はい。…ということは、単純無申告に関する刑事訴訟と、課税処分の取消訴訟の2つがありますね。

春香　でも、どちらも基本的には同じなんですよね。

所長　そうだな、国側は一時所得として、納税者は雑所得として主張しているだろう。

山川　そうです。国側は、従来からの一般的な取扱いに基づいて主張しています。

春香　この通達ですよね。

【所得税基本通達34-1】
　次に掲げるようなものに係る所得は、一時所得に該当する。(昭49直所2-23、昭55直所3-19、直法6-8、平11課所4-1、平17課個2-23、課資3-5、課法8-6、課審4-113、平18課個2-18、課資3-10、課審4-114、平23課個2-33、課法9-9、課審4-46改正)
(中略)
(2) 競馬の馬券の払戻金、競輪の車券の払戻金等

山川　そうですね。平成26年10月2日大阪地裁判決（裁判所ウェブサイト）では、「馬券の的中は、…一般に射倖性が強いと解されている。また、馬券の的中による払戻金の受領は、原告による馬券購入行為の後に来る、原告の行為が全く関与しない偶然の事象によるものである。…本件競馬所得は偶発的に生じた所得といえる。
　…各競走の結果は他の競走の結果に何ら影響を与えるものではなく、各競走は、個々に独立して行われていることとなる。そうすると、購入した馬券が的中するか否かも、個々の競走ごとに独立して発生する事柄であり、相互に関連するものではないから、仮に、複数の競走において購入した馬券が的中したとしても、それによって交付を受けた払戻金に係る所得は、それぞれ偶発的に生じたものであることに変わりはない。
　…そして、偶発的な原因が偶々連続して所得が発生したとしても継続的、恒常的な所得とは言い難い…。
　以上からすると、購入した馬券が的中したことによって交付を受けた払戻金に係る所得は、仮に、それが複数かつ連続的に生じたものであっても、所得の基礎に源泉性を認めるに足る継続性、恒常性があるとはいえ」ないと「一時」の所得であることを指摘していますね。
　それから、「馬券が的中したことによって交付された払戻金は、原告がJRA〔日本中央競馬会：筆者注〕に対して何らかの役務を提供した対価として交付されたものではないし、資産を譲渡した対価とし

　　　　て交付されたものでもない」という点で対価性もないことを指摘しています。
　　　　つまり、たとえそれが継続的に得られたものであっても、偶然が続いたに過ぎず、対価性のない一時の所得だから、一時所得だということですね。
春香　それから、国側は、所得が継続的、恒常的に発生する「源泉性」を有していないことが一時所得の要件であると考えているようですね。
山川　そうですね。それに対して、納税者側は「『営利を目的とする継続的行為』とは、そもそも文理上も、利益を目的とする継続的行為であれば足りる」と反論しています。つまり、「所得源泉性」という基準ではなく、法律上は「営利を目的とする継続的行為」が問題になっているのだから、そちらを基準に判断すればよいということですね。
春香　そうすると、本件のように、毎週、ほぼすべてのレースについて自動的に大量に購入しているような行為は、営利目的のためであり、かつ継続しているといえそうですね。
山川　そうですね。それで、一時所得ではなく、雑所得になると考えるわけですね。
所長　そうすると、「収入を得るために直接に要した支出」ではなく、「必要経費」が控除できることになり、外れ馬券の購入費用も控除できる可能性が出てくるというわけだ。

3　刑事訴訟第一審判決

山川　そうですね。
春香　それで、まずは刑事事件のほうから判決が出たわけですね。
山川　大阪地裁平成25年5月23日判決[41]ですね。
春香　そこでは、まず一時所得に該当するかの判断基準について述べていますね。

…一時所得は、一時的かつ偶発的に生じた所得である点にその特色があるといえる。したがって、所得発生の基盤となる一定の源泉から繰り返し収得されるものは一時所得ではなく、逆にそのような所得源泉を有しない臨時的な所得は一時所得と解するのが相当である。そして、そのような意味における所得源泉性を認め得るか否かは、当該所得の基礎に源泉性を認めるに足りる程度の継続性、恒常性があるか否かが基準となるものと解するのが相当である。

　所得の基礎が所得源泉となり得ない臨時的、不規則的なものの場合、たとえこれが若干連続してもその一時所得としての性質に何ら変わるところはない。しかし、一回的な行為として見た場合所得源泉とは認め難いものであっても、これが強度に連続することによって、その所得が質的に変化して上記の継続性、恒常性を獲得し、所得源泉性を有することとなる場合があることは否定できない。そして、このような所得源泉性を有するか否かについては、結局、所得発生の蓋然性という観点から所得の基礎となる行為の規模（回数、数量、金額等）、態様その他の具体的状況に照らして判断することになる。

山川　なるほどね。継続的、恒常的に発生する所得が一時所得に該当すると考えているわけですね。

春香　でも、それが連続するようになってくると、質的に変化して所得源泉性を有することになるようですね。

山川　なんだか、よくわかりませんね。

春香　そうですね。

山川　でも、本件はこれに基づいて判断されたわけですね。

　競馬に興じる者の多くは、その投票により払戻金を獲得するという営利の目的を有していることは否定できない。しかし、競馬の勝馬投票は、一般的には、趣味、嗜好、娯楽等の要素が強いものであり、馬券の購入費用は一種の楽しみ賃に該当し、馬券の購入は、所得の処分行為ないし消費としての性質を有する

41　裁判所ウェブサイト。評釈：寺澤典洋・税務事例45巻12号18頁（2013年）等。

といえる。また、レースの結果についても、出走した馬の着順については、天候、出走馬の体調等様々な事象の影響があり、さらに、そうした事象が及ぼす影響力はレースごとに異なると考えられる。そのため、一般的には、馬券購入による払戻金の獲得は多分に偶発的である。
　また、馬券の購入を継続して行ったとしても、一般的には、上記のとおり馬券購入が払戻金獲得に結び付くかは偶然に左右されることに加え、馬券購入者は投票ごとにその都度の判断に基づいて買い目を選択し馬券を購入しているといえることからすれば、各馬券購入行為の間に継続性又は回帰性があるとは認められず、繰り返し馬券を購入したとしてもその払戻金による所得が質的に変化しているとはいい難い。
　よって、原則として、馬券購入行為については、所得源泉としての継続性、恒常性が認められず、当該行為から生じた所得は一時所得に該当する。

春香　一般的な馬券購入と払戻金については、このように述べて所得源泉性がないとしていますね。
山川　でも、本件は違いますよね。
春香　だから、次のように述べているのだと思います。

　このように、被告人の本件馬券購入行為は、一般的な馬券購入行為と異なり、その回数、金額が極めて多数、多額に達しており、その態様も機械的、網羅的なものであり、かつ、過去の競馬データの詳細な分析結果等に基づく、利益を得ることに特化したものであって、実際にも多額の利益を生じさせている。また、そのような本件馬券購入行為の形態は客観性を有している。そして、本件馬券購入行為は娯楽の域にとどまるものとはいい難い。
　以上を総合すると、被告人の本件馬券購入行為は、一連の行為として見れば恒常的に所得を生じさせ得るものであって、その払戻金については、その所得が質的に変化して源泉性を認めるに足りる程度の継続性、恒常性を獲得したものということができるから、所得源泉性を有するものと認めるのが相当である。

山川　単なる娯楽の域を超えて、所得源泉性を認められるほど、継続性、恒常性があるってわけですか。

所長　単純無申告罪については有罪だが、税額面では主張が認められている。実質的な勝訴といった感じかな。

春香　すごいですね。高裁でも主張が認められたんですよね？

所長　そうなんだが、根拠が少し違うはずだよ。

4　刑事訴訟高裁判決

春香　大阪高裁平成26年5月9日判決[42]ですね。

山川　あれ？　この判決では所得源泉性について、「原判決がいう所得源泉性がどのような概念かは上記判断要素によってもなお不明確である上、一時所得や雑所得をも課税対象とした現行の所得税法の下で、これを一時所得かどうかの判断基準として用いるのには疑問がある。また、原判決は、一回的な行為として見た場合所得源泉とは認め難いものであっても、強度に連続することによって所得が質的に変化して（所得の基礎に源泉性を認めるに足りる程度の）継続性、恒常性を獲得すれば、所得源泉性を有する場合がある旨説示するのであるが、結局、所得源泉という概念から継続的所得という要件が導かれるわけではなく、どのような場合に所得が質的に変化して所得源泉性が認められるのかは明らかでなく、それ自体に判断基準としての有用性を見いだせない」といっていますね。

春香　本当ですね。所得源泉性という概念が不明確である上に、質的に変化するのがどんな場合かも不明確という理由で、この基準を採用していません。

山川　そうすると、一時所得にあたるかどうかは、所得税法34条1項の文言に従って、「『営利を目的とする継続的行為から生じた所得以外の一時の所得』で『労務その他の役務又は資産の譲渡の対価としての性質を有しないもの』かどうかを判断すれば足り、前者については、

42　裁判所ウェブサイト。評釈：手塚貴大・ジュリスト1474号8頁（2014年）等。

所得源泉性などという概念を媒介とすることなく、行為の態様、規模その他の具体的状況に照らして、『営利を目的とする継続的行為から生じた所得』かどうかを判断するのが相当である」ということになるわけですね。

春香 所得税法の文言どおりに判断しようということですね。

山川 それに「所得源泉性」が不明確だから採用できないっていうのも、いいですね。

山川 その上で、結論としては、「一つの馬券購入行為がそれ自体独立した行為であるとしても、単に繰り返されただけではなく、一定の条件下で機械的、網羅的に購入され、個々の購入行為の独立性が希薄になっている場合、全体的に見れば継続性を帯びることは否定できない。そして、賭博による利得であっても、継続的に発生している場合には、雑所得に該当することは承認されてよい」と述べていますね。そして、「『営利を目的とする継続的行為から生じた所得』という要件の判断に際し、行為の回数、頻度等を考慮に入れ」、「馬券の大量購入を反覆継続した被告人の行為について営利目的や継続性を否定することはできない」としています。これで雑所得と判断したわけですね。

所長 そういうことだね。判断基準として、所得源泉性を否定して、条文の文言どおりに解したことは評価できるだろう。

山川 これで一件落着、ですね。

5 税務訴訟の判決

春香 いや、違うと思います。この判決は刑事訴訟のものだから、課税処分はまだ取り消されていないのではないでしょうか。

所長 そうなんだよ、春香さん。

山川 えっと。…ということは、税務訴訟の判決がまだあるわけですね。

春香 ありました。大阪地裁平成26年10月2日判決[43]です。

山川 まず、一時所得の要件については、「関係法令をみても、これらの要件に関する更なる定義や判断の際に考慮すべき要素等については

規定されていない」ということを指摘しています。先ほどの高裁判決と同じですね。

春香 でも、「一時所得を偶発的な所得に限定するとの考え方に基づいて、『労務その他の役務の対価たる性質を有しないもの』との文言が追加されたという補充的な所得区分としての特色」があることを認めています。それに、所得税法22条2項2号が一時所得について、その2分の1に相当する金額のみを課税標準としていることから「その趣旨は、一時所得の発生が一時的、偶発的であり、担税力が低いことを考慮したものと解される」と示しています。

山川 ということは、また別の判断基準が示されたんですか？

春香 どうなんでしょう。結局、「一時所得か否かを区分する上記各要件の解釈、適用は、上記各要件の文理解釈に加えて、一時的、偶発的に生じた所得のみを一時所得として課税の対象とするに至った上記沿革等を踏まえて、行われるべき」としていますので、基本的には同じ基準と考えられそうです。

山川 そうなんですね。たしかに結論も、「…原告が行っていた馬券購入行為は、一般的な馬券購入行為のようにレースごとに…利益を獲得しようとするものではなく、…多数のレースにおいて多種類の馬券を継続的に購入することによって、…収支を安定させ、総体として利益を獲得しようとするものであって、これは…、上記のとおり多数のレースにおいて多種類の馬券を継続的に購入することによって初めて実現が可能になる性質のものといえる。そして、原告は、これを実行するために、…馬券を網羅的かつ自動的に購入したのであり、…その結果、月ごとに見れば赤字となる月もあるが概ね黒字であり、…5年間にわたって毎年利益が出る（各年における払戻金の総額が、馬券購入費用の総額を上回る）状況であった。

このような原告の馬券購入行為における個々のレースでの馬券購入は、客観的にみて、一般の馬券購入行為におけるそれとは明らかに

---

43 裁判所ウェブサイト。評釈：奥谷健・税務QA155号72頁（2015年）等。

意味づけを異にするものであり、利益の獲得方法についても、…原告は、極めて多種類かつ多レースにおける馬券購入を大前提として、長期的な差引きをもって利益をとらえるという点で相当異なるものであることは明らかである」と述べていますね。そして、そのような原告の馬券購入行為は、「継続的な馬券の購入という、一連の継続的行為というべきもの」であると認定していますし、「これらの一連の行為が、総体として、恒常的に所得を生じさせているものと認められるのであって、この継続的行為によって獲得される払戻金が、偶発的な一時の所得であるということはできない」と雑所得に該当すると判断しています。

春香　基本的には刑事事件の高裁判決と同じ判断内容ですね。

所長　結論部分は、この地裁判決と刑事事件の高裁判決はたしかに同じようにみえるね。しかし、一般的な競馬の払戻金について、「確かに、一般的な馬券購入行為が、その性質上、…馬券の当たり外れや獲得した払戻金の多寡を楽しむという趣味、娯楽の要素を含むものであり、馬券が的中するか否か、あるいは、その的中した場合に得られる払戻金の額等についても偶然の要素が強いことからすれば、そのような一般的な馬券購入行為から生ずる所得は、偶発的、単発的であるといえる。そして、このことは馬券の購入を単に連続して行ったとしても何ら異なることはないから、一般的な馬券購入行為によるものである限り、的中馬券に対する払戻金が『営利を目的とする継続的行為から生じた所得』に該当することはないものと解される」と述べているよ。

春香　本当ですね。

山川　待ってください。それは、刑事事件でも地裁判決に示されていたと思います。ほら。

> 【大阪地裁平成25年5月23日判決】
> 　競馬に興じる者の多くは、その投票により払戻金を獲得するという営利の目的を有していることは否定できない。しかし、競馬の勝馬投票は、一般的には、趣味、嗜好、娯楽等の要素が強いものであり、馬券の購入費用は一種の楽しみ賃に該当し、馬券の購入は、所得の処分行為ないし消費としての性質を有するといえる。また、レースの結果についても、出走した馬の着順には、天候、出走馬の体調等様々な事象の影響があり、さらに、そうした事象が及ぼす影響力はレースごとに異なると考えられる。そのため、一般的には、馬券購入による払戻金の獲得は多分に偶発的である。
> 　また、馬券の購入を継続して行ったとしても、一般的には、上記のとおり馬券購入が払戻金獲得に結び付くかは偶然に左右されることに加え、馬券購入者は投票ごとにその都度の判断に基づいて買い目を選択し馬券を購入しているといえることからすれば、各馬券購入行為の間に継続性又は回帰性があるとは認められず、繰り返し馬券を購入したとしてもその払戻金に係る所得が質的に変化しているとはいい難い。

春香　ということは、原則として、馬券購入行為から生じた所得は一時所得に該当する、というわけですね。ただ、本件の場合は特殊なので、例外的に雑所得になるという判断といえますね。

山川　でも、この点について高裁判決では言及されていません。

所長　そうなんだよ。高裁はどう考えているのかがよくわからないね。

春香　それに、このように原則と例外というふうに分けると、どこから例外になるかがわからないと思います。

山川　ということは、結局、「所得源泉性に基づいて所得が質的に変化する」といわれたのと同じように不明確さの問題が残りますね。

春香　こうなると、どう考えればいいのか、とても難しくなりますね。好きな人は毎週馬券を買っているでしょうし…。

山川　そうですね。僕も今度から毎週買ってみようかな。所長もいかがです？

所長　いや、私は結構。税理士試験を受験中だった君を雇うというのはすでに、賭けのようなものだったからね。
山川　また、そんなことを。
春香　でも、きちんと試験に合格したわけですから、所長の賭けは勝ちましたね。
山川　さすが、春香さん。ナイスフォロー！
所長　これからも勝ち続けられるように、しっかり頑張ってくれよ。2人とも、期待しているよ。
春香・山川　はい！

STUDY この判決から学ぶこと

- ☑ 競馬の払戻金による所得は、営利性、継続性が認められず、原則として一時所得として考えられる。
- ☑ 機械的、網羅的な馬券の購入等、例外的な場合には一時所得ではなく、雑所得に該当することになる。
- ☑ その場合の判断は、当該所得が、継続的、恒常的に発生するという「所得源泉性」の有無によるのではなく、当該行為が「営利を目的とした継続的行為」に該当するかを検討することになる。

補論

　このような、インターネットを通じた馬券購入によって多額の利益を得ていたことが問題になった事例は、本件の他にも、広島での平成24年5月15日裁決（裁決事例集未登載・TAINS：F0-1-489）、札幌での平成24年6月27日裁決（国税不服審判所ウェブサイト）、東京での平成25年3月27日裁決（裁決事例集未登載・TAINS：F0-1-523）および平成25年10月16日裁

決（裁決事例集未登載・TAINS：F0-1-541）があります。裁決の段階では、いずれも所得源泉性に基づいて判断されて、一時所得という扱いになっています。このうち、札幌の事例※と東京の事例は訴訟が提起されているということです。

　本件の刑事事件最高裁判決とこれらの税務訴訟の今後の動きには注目が必要です。また、報道によれば、東京の事例（平成25年10月16日裁決）では雑所得ではなく、事業所得として争っているようです（http://www.kanaloco.jp/article/67100、2014年4月15日神奈川新聞参照）ので、どのような判断が示されるか、より注目が必要ではないでしょうか。それらの判決のなかで、原則と例外がどのような基準で分かれるのか、という点も明確になることが期待されます。

　※平成25年5月14日に東京地裁にて納税者敗訴の判決が出されました。

私の事件簿

突然広域調査が入った〜！

東京ブロック　渡部仁子

　事前通知が改正される前のとある秋の月末、決算で忙しい時期に無予告調査が入りました。関与先のグループ法人から連絡が入ったので、すぐに電話で調査官に、月末なので日程の調整を依頼したところ、「これは広域調査で、すでに法人の了解を得ましたのでこのまま調査を続行します」とのことでした。慌てて関与先に駆けつけて4日間の怒涛のような広域調査が始まりました。

　広域調査とは、親子会社や関連会社がいくつかあり、複数の税務署に管轄がまたがっている場合に同時に行われる税務調査のことで、ほとんどは事前通知がありません。そして、複数の管轄税務署を取りまとめる税務署があり、このときはS署の担当調査官が責任者となっていました。

　この広域調査は、グループ会社数社（以下、代表会社を「本社」といいます）と関連会社及び本社の代表者の自宅への一斉調査となりました。調査箇所は本社以外に宿泊が必要となるような他県の店舗も対象となり、調査官は管轄税務署員とS署からも数名で初日は総勢40数名にもなりました。

　私はまず代表者の自宅に直行して立ち会い、初めての経験である広域調査がスタートしました。自宅では2時間の聴取り調査だけで何事もなく終了し、その間、本社にいる調査官達には、何も調査をせず待機してもらっていましたが、代表者自宅から本社ビルに行きあまりにも多くの調査官を見たときには本当に驚きました。

　そのグループ会社は、不動産賃貸業、貴金属等の製造及び販売、サービス業等を営む法人です。そのなかには、国税庁が発表している法人税等の調査事績で不正発見割合の高い10業種に含まれる業種があったことから、売上除外の調査をメインとしたのでしょうが、関与先が不正はしないと信頼していましたので不安はありませんでした。

調査は本社ビルで行われ、数社同時の一斉調査は資料も膨大で本社の会議室全部を使用せざるをえませんでした。調査官達は毎日山のような資料と店舗とを随時連絡をとりながら調査していました。売上除外等は法人の方針として、また、関与している立場としても論外ですので、売上計上漏れは1円も発見されず、徐々に調査官達に焦りが出てきました。
　この広域調査の立会は、どの調査官が今何を調べているのかに注意し、本社の会議室を行ったり来たりしながら多くの調査官の質問に対応するのが、本当に体力的に大変でした。調査はほとんど問題になる点がなく、最後は印紙税の調査に入りました。
　印紙税の立会については、税理士法2条において、印紙税は税理士業務の対象税目とされていませんので、税理士が印紙税に関して国税通則法に規定する「税務代理人」に該当することはありません。しかし、通常の法人の調査では、法人税・消費税・源泉所得税と並行して印紙税についても同時に調査されることが多く、税理士の立会を拒否されたことはありませんので、調査官からクレームもなく、いつものように立ち会いました。そして、調査官が契約書を法人の担当者に断りもなく勝手に取り出す行為には、こちらからクレームして開示請求された契約書のみ提出する方向で進めました。
　結果的には、次の3点が指摘されました。
① 所得税法204条1項1号に規定するデザイン報酬に対する源泉徴収税額の漏れ
② 印紙税の貼付け漏れによる過怠税
③ 役員でない代表者の家族に対する給与約150万円について
　上記①・②については、税法上争うことはできません。③については、不動産賃貸業に関する業務手伝いですが、タイムカードがありませんでしたので勤務実態の事実認定の問題です。業務内容を説明しましたが、その業務の実態がないと否認されてしまいました。全体での増差税額は50万円ぐらいでしたので、何度も取りまとめ署へ出かけることも大変なので、法人側が了承して修正申告を提出して終了でした。

課税庁は、延べ4日間で相当数の調査官を派遣したのですが、これでは相当なコスト割れで、責任問題となったのではないでしょうか。通常広域調査に入るときは、何か不正事実をつかんで入ると聞いていましたので、一体何のための調査だったのか今でも疑問です。税法の解釈等で頭を使うこともなく、本当に体力勝負であったことが強く印象に残る調査でした。

第 16 話

長崎年金二重課税の影響
―土地の増加益への二重課税？―

> 第1話でも紹介した年金二重課税の最高裁判決ですが、そこで示された内容を受けて、相続時に時価で課税されているのだから譲渡所得課税は相続後の値上り益に限定すべきであるという解釈がなされ、訴訟に至りました。今回は、その事例を紹介しましょう。

1　長崎年金二重課税最高裁判決を受けて

春香　所長、例の年金二重課税事件ですが、あの最高裁判決[44]を受けて別の問題が生じているようですね。

所長　譲渡所得との二重課税の問題だね。

春香　そうです。どうして、こんな問題になったのですか？

山川　お2人とも、真剣な顔をして…。なんか難しい話ですか？

所長　例の年金二重課税事件の最高裁判決の射程範囲が問題になった事例についてだよ。

山川　やっぱり難しそうですね…。

春香　でも、すごく重要な問題だと思いますよ。

山川　ということは、避けて通れませんね…。

春香　そういうことです。一緒に考えてみましょう。

山川　承知しました。春香先輩。

春香　あら、こういうときの呼び方は「先輩」になるんですね。

山川　いや、こういう難しい話のときは、先輩税理士に教えていただかな

---

[44]　最高裁平成22年7月6日判決（裁判所ウェブサイト・民集64巻5号1277頁）、評釈：三木義一・税経通信65巻10号17頁（2010年）等。また、本書第1話参照。

所長　いといけませんからね。
所長　殊勝なことをいうね。では、春香先輩に教えてもらおうか。
春香　所長まで！
所長　ははは。でも、せっかくだから山川君に説明しながら、整理していこうじゃないか。まずは、最高裁判決をもう一度確認しておこう。
山川　そうですね。それなら以前にも見たので、僕にもわかりやすいです。
春香　そうでしたね。判決のポイントだけ確認します。
山川　たしか、相続時の時価までは課税しているから、それと経済的価値が同一の部分に所得税を課してはいけない、ということでしたよね。
春香　そうですね。最高裁判決では、「『相続、遺贈又は個人からの贈与により取得するもの』とは、相続等により取得し又は取得したものとみなされる財産そのものを指すのではなく、当該財産の取得によりその者に帰属する所得を指すものと解される。そして、当該財産の取得によりその者に帰属する所得とは、当該財産の取得の時における価額に相当する経済的価値にほかならず、これは相続税又は贈与税の課税対象となるものであるから、同号の趣旨は、相続税又は贈与税の課税対象となる経済的価値に対しては所得税を課さないこととして、同一の経済的価値に対する相続税又は贈与税と所得税との二重課税を排除したものであると解される」と述べて、所得税法9条1項16号で非課税になるのは、相続税の課税対象となった「経済的価値」と指摘していましたね。
山川　やっぱり。僕の記憶力もなかなかのものでしょう？
春香　税理士試験に合格した税理士なんですから、当然ですよ。
山川　はい。…で、これから何か問題になるのですか？
春香　そうですね。これを譲渡所得課税の対象となる資産にあてはめることができるか、ということです。
山川　どういうことですか？　ちっともわかりませんよ。

2　所得税法60条による二重課税？

所長　相続によって取得価額1,000万、時価6,000万の土地を取得したとし

　　　　ようか。それを相続人が第三者に10,000万で譲渡したら、課税関係はどうなる？
山川　そんなの簡単ですよ。相続人は6,000万の相続財産に相続税の問題が生じます。そして、所得税法60条によって、被相続人の取得価額を引継ぎますから、第三者に譲渡したときの譲渡益は「10,000万－1,000万＝9,000万」、ということになります。
春香　そうなりますね。でも、それで本当によいのでしょうか？
山川　春香さん、大丈夫ですか？ 所得税法に基づいて考えれば、こうなるじゃないですか。
春香　でも、最高裁判決の考え方はこれでよいのでしょうか？
山川　えっ、どういうことですか？
春香　相続時に課税された経済的価値に対しては改めて所得税を課してはいけないでしょう。そうすると、相続時の時価6,000万に対してはもう課税してはいけないと考えられませんか？
山川　じゃあ、相続人の譲渡益は「10,000万－6,000万＝4,000万」ということですか？
春香　そうとも考えられなくはない、ということだと思うんです。
山川　じゃあ、所得税法60条は5,000万を余分に課税してしまっているじゃないですか。
所長　そうなんだ。被相続人の保有期間中の値上り益5,000万に対して、相続時と相続人の譲渡時に二重に課税していると考えられてしまう。
春香　つまり、所得税法60条は最高裁判決が否定した二重課税を生じさせる規定、ということになってしまうんです。
山川　そんな…なんだかわけがわからなくなってきたぞ。
春香　そうなんです。私も、一応の関係はわかるんですけど、なんだか納得できなくて…。
所長　そうだろうね。もう少し具体的事案を見ながら考えていこうか。

3　事案の概要と両面課税

春香　そうですね。この点が争われたのが、東京地裁平成25年7月26日判決[45]です。

山川　どういう事実関係なんですか？

春香　本件では、Xの夫が亡くなって、Xは夫の所有していた土地とその土地上の建物を相続により取得しました。そして、Xは所轄税務署長に対し、この相続に係る相続税の申告書を提出しました。その後、Xは、第三者にそれらの物件を譲渡しました。
　　　Xは、この譲渡に係る所得を所得税法60条に基づいて計算していたのですが、その後、長崎年金二重課税最高裁判決を受けて、本件各譲渡に係る譲渡所得のうち、既に相続税の課税対象となった経済的価値と同一の経済的価値（相続税評価額）は、所得税法（平成22年改正前のもの。以下同じ）の非課税規定（所得税法9条1項15号：現16号）により譲渡収入金額から控除され、非課税とすべきであること等を理由として、譲渡所得を「零円」とする更正の請求を行った、というものですね。

山川　まさにさっきの話のとおりですね。

春香　そうですね。所得税法60条についても、「被相続人の資産の保有期間に係る増価益も含めて、相続人に課税が行われることを定める規定であるとか、本件非課税規定が適用される非課税所得について、本件非課税規定の適用を否定し、再度課税所得とする規定であると解することはできない」と述べています。そして、「本件各譲渡に係る譲渡所得のうち相続税の課税対象となった経済的価値と同一の経済的価値については、本件非課税規定により譲渡収入金額から排除され、所得税を課されないというべきである」と主張しています。

山川　所得税法60条の規定で考えるのか、9条1項16号で考えるのか、どちらなんでしょうね。

---

[45]　判例集未搭載・TAINS：Z888-1776。評釈：浅妻章如・税務弘報62巻6号2頁（2014年）等。

春香　う〜ん…被告は「所得税法は、被相続人の保有期間中の増加益を所得税の課税対象とすることを予定して取得価額の引継ぎの規定（60条1項1号）を設けており、被相続人の保有期間中の増加益について本件非課税規定の適用はない」と、9条1項16号の適用を否定していますね。
　　　そして、所得税法60条1項1号について、「相続時には被相続人の保有期間中の増加益に対する課税を繰り延べ、相続人が相続により取得した資産を譲渡した段階で、前所有者の保有期間の資産の増加益も含めて所得税を課税するもの」としています。その上で、9条1項16号は、「被相続人の保有期間中の増加益を非課税とするものではなく、同増加益に対する所得税の課税を予定していることは明らかである」と述べています。

山川　なんで、9条1項16号の適用がないことは明らかなんですか？

春香　そこなんですが、この非課税規定は、「一時所得として計算されるべき経済的利得について適用されることを当然の前提としている」ということが根拠として挙げられています。つまり、「本件非課税規定は、相続により取得した経済的利得につき、一旦一時所得としては非課税とするものの、相続という同一の原因に基づき取得した資産で、被相続人の保有期間中の増加益が所得税法60条の規定により課税の繰延べがなされた譲渡所得についてまで非課税とする趣旨のものではない」ということのようです。

山川　一時所得と譲渡所得の違いが出てくるのですか？

春香　私もそのあたりがどうも…。

所長　つまりだね。資産の保有期間中の値上り益があれば、その資産が他者に移転するのを機会に値上り益を清算して課税しようというのが譲渡所得だね。

春香　はい。

所長　そうすると、相続によって、被相続人から相続人に資産が移転するだろう。そのときまでの値上り益があれば、本来は清算課税されるわけだよ。

山川　だから、相続税が課されるわけですよね。

春香　待ってください。譲渡所得はそれまでの保有者に対するものだから、被相続人に対する譲渡所得課税ではないでしょうか。

所長　そうなんだよ。さすがだね、春香さん。

山川　じゃあ、相続人への課税は何なんですか？

春香　そうか！　被相続人からの相続による資産の取得は、偶発的・一時的な対価性のない利得ですね。…だから、一時所得なんだ！

山川　えっ!?　ということは、被相続人に譲渡所得課税、相続人に一時所得課税、ですか？

所長　そうなんだ。それをシャウプ勧告が当初は予定していたといわれている。

春香　それって二重課税ではないんですか？

所長　別の人物に、別の所得が発生しているから、二重課税とはいえないだろうね。

山川　でも、「二重」ですよ。

所長　こういうのを、1つの財産移転に対して、両当事者に同時に課税関係が生じるから、「同時課税」といったり、当事者の双方、つまり両面だから「両面課税」といったりするようだ。

春香　つまり、二重課税ではない、ということですね。でも、納得しにくいですね。

所長　そうだろう。一般の国民の理解を得ることは難しいだろう。だから、一方の課税を繰り延べたわけだよ。

山川　それが、所得税法60条ですか。

所長　そうなんだよ。

春香　そして、所得税法9条1項16号が非課税にしているのは一時所得のほうだから、譲渡所得には影響しない、というわけですね。

山川　う〜ん。難しい…。

4　判決

所長　かなり複雑だね。それで判決はどう判断していたかな？

春香　そうでした。まず、所得税法60条との関係について、「相続により取得した資産に係る譲渡所得に対する課税は、①被相続人の保有期間中に抽象的に発生し蓄積された資産の増加益と②相続人の保有期間中に抽象的に発生し蓄積された資産の増加益とを合計し、これを所得として、その資産が後に譲渡された時点において、上記の所得が実現したものと取り扱って所得税の課税対象としている」と、課税の繰延べであるということを確認していますね。それから、「所得税法は、被相続人の保有期間中に抽象的に発生し蓄積された資産の増加益について、相続人が相続により取得した資産の経済的価値が相続発生時において相続人に対する相続税の課税対象となることとは別に、相続発生後にそれが譲渡された時において、相続人に対する所得税の課税対象となることを予定している」と述べています。

山川　被告の主張を認めたわけですね。

春香　そうですね。原告の主張については、「確かに、平成22年最判は、本件非課税規定について判示した部分において、非課税の対象を、『当該財産の取得によりその者に帰属する所得』とし、同所得とは、『当該財産の取得の時における価額に相当する経済的価値』であるとしていることからすると、原告が主張するように解する余地がないではない」と一定の理解は示しています。しかし、「平成22年最判で問題とされた所得は、相続人が原始的に取得した生命保険金に係る年金受給権に係るものであるところ、この年金受給権は、それを取得した者において一時金による支払を選択することにより相続の開始時に所得を実現させることができ、その場合には本件非課税規定が適用されることとの均衡を重視して、平成22年最判は、年金による支払を選択した場合においても、年金受給権の金額を被相続人死亡時の現在価値に引き直した価額に相当する部分は、相続税法の課税対象となる経済的価値と同一のものということができるとして本件非課税規定の適用を認めたものと理解することができ」るといっています。

山川　あの年金が、一括受給か年金受給かの選択ができた、という点が重

視されていますね。

春香　そうですね。それに対して、「本件で問題とされている所得は、所得税法60条1項1号により、相続人が被相続人から承継取得した不動産を更に譲渡した際に実現するものと取り扱われるものであって、…相続時点において被相続人の保有期間中に蓄積された増加益を実現させるという選択ができないという点で、平成22年最判で問題とされた所得とはその性質を異にする」と示されています。
　　　その結果、「被相続人の保有期間中の増加益に対する譲渡所得税の課税は、被相続人の下で実現しなかった値上がり益（被相続人固有の所得）への課税を相続人の下で行おうとするものであり、理論的には被相続人に帰属すべき所得として被相続人に課税されるべきものであるから、相続人が相続により取得した財産の経済的価値に対して二重に課税されるという評価は当を得ない」ということのようです。

山川　まさに先ほどの所長の説明のとおりですね…。やっぱり二重課税と

所長　そうだね。実はこの事件、高裁判決[46]も出ているんだが、ほぼ同じ内容でXの主張が斥けられている。
春香　やはり、そうですか…。
山川　そもそも、あの二重課税の最高裁判決がおかしいんですよ。非課税なのに、源泉徴収しろとかいってたじゃないですか。
春香　山川さんは、本当にあの判決に納得していないみたいですね。
山川　そうなんですよ。ほんと、最高裁も支離滅裂って印象です!!
所長　やっぱり、そんなことがいえるなんて偉くなったんだな、山川先生。ははは。
山川　所長、勘弁してくださいよ。

STUDY　この判決から学ぶこと

- ☑ 相続税の課税対象となるのは、相続人の財産取得に対する一時所得であり、それに対する所得税と相続税の二重課税を回避するために、所得税法9条1項16号がある。
- ☑ 本来、譲渡所得の本質としては、被相続人に相続時の財産移転によって（みなし）譲渡所得課税が行われる。しかし、相続人への相続税との両面課税（同時課税）を回避するために、譲渡所得課税が繰り延べられている。これが所得税法60条の趣旨である。
- ☑ 年金二重課税事件最高裁判決は、譲渡所得課税に射程が及ぶものではない。

46　東京高裁平成26年3月27日判決、判例集未搭載・TAINS：Z888-1844。評釈：上西左大信・税研30巻4号51頁（2014年）等。

補論

　政府は年金二重課税事件の最高裁判決の射程範囲について、「最高裁判決研究会」において検討し、平成22年10月22日に、その報告書が出されています（「『最高裁判決研究会』報告書～「生保年金」最高裁判決の射程及び関連する論点について～」）。報告書では、この判決は相続税法24条によって評価される定期金についてのみあてはまる限定的なものと考えるべきだとまとめられています。本判決は、この報告書と同旨と考えられます。このような問題については、両面課税と所得税法60条の関係を整理して理解する必要があるのではないでしょうか。

　また、東京地裁平成25年6月20日判決（裁判所ウェブサイト）・東京高裁平成25年11月21日判決（裁判所ウェブサイト）も本件と同様のものとして挙げられます。そのほかに、平成24年11月14日裁決（国税不服審判所ウェブサイト）では、相続によって取得した株式の発行会社から交付を受けた残余財産分配金のうち、剰余金の配当とみなされる金銭について、清算手続に移行している会社の株式の評価が、残余財産からの配当期待権として純資産価額方式で行われることから、やはり最高裁判決の射程が及ぶかが問題になっています。また同年12月3日裁決（国税不服審判所ウェブサイト）では、父親から贈与を受けた外国法人が発行する債券に係る第1回目の償還額のうち、当該債券に係る償還予定表において利息相当額について、最高裁判所判決の射程に含まれるかが問題になっています。このように、年金二重課税事件最高裁判決が示した「経済的価値が同一」部分に対する相続税と所得税の二重課税を排除するという点について、その射程が問題となる事例が出てきています。この判決の射程をしっかりと検討する必要があるのではないでしょうか。

エピローグ　行政不服審査制度の改正

　税務争訟は、裁判所への訴訟提起の前に、税務署への異議申立てと国税不服審判所への審査請求の手続を経ることが原則です。しかし、このような手続について、2014年に、実に約50年ぶりとなる法改正が行われました。行政不服審査法の改正です。これを受けて、不服申立制度が大きく変わります。どのように変わるのか、その概要を最後に見ておきましょう。

山川　いろいろな事件を見ていますけど、裁決の段階で救済されるものもあって（第12話）、不服申立制度も侮れませんね。

春香　そうですね。それに不服申立ての段階では、私たち税理士も代理人として関与できますから、税理士にとっては、より重要といえますね。

所長　そうだね。ところで、君たちは不服申立制度が新しくなるということを知っているかな？

山川　えっ、そうなんですか？

春香　もう、山川さんたら。私はもちろん、その話題は知っています。

山川　どう変わるんですか？

春香　実は…まだどのように変わるのか、というところまではちゃんと理解できていません。

山川　春香さん、僕とあまり変わらないじゃないですか。

春香　すみません…。

所長　仕方がないか。まだあまり大きな議論になっていないところもあるからね。

山川　まだ変わっていないんですよね。いつから変わるんですか？

春香　たしか、法案は平成26年6月に国会で可決されて、成立していたよ

所長　うな…。
所長　そのとおり。異議申立て・審査請求等の行政上の不服申立制度を一般的に定めている行政不服審査法という法律は、昭和37年の制定以来50年以上も実質的な改正がなかったんだ。やっと今回、全面的に改正されることになったんだよ。
山川　その法案がやっと成立したわけですね。
所長　そうなんだ。それに合わせて、国税通則法や地方税法等個別に行政上の不服申立制度を定める法律も改正されたんだよ。
春香　でも、施行はまだなんですよね。いつからなんですか？
所長　実は、この改正法の成立からから2年以内となっているだけなんだ。
山川　ということは、まだ、いつからは決まっていないんですね。
春香　でも、国税通則法等の改正があったということは、国税不服審判所や異議申立ても変わって、税法への影響も大きそうですね。
所長　そうだね。例えば、国税の不服申立手続では、異議申立制度が廃止されて、審査請求だけになることが、一番大きな変化ではないかな。
山川　へぇ！　すごく大きく変わるじゃないですか！
春香　異議申立てがなくなって、いきなり審判所への審査請求ですか。
所長　いや、そういうわけではない。これまでの異議申立てに代えて「再調査の請求」という制度が作られる。
山川　なんだ、名前が変わるだけか。
所長　違うんだ。これは、異議申立てとは違って前置主義がとられない。
春香　どういうことでしょうか。
所長　納税者は、審査請求の前にまず「再調査の請求」をしてもいいし、最初から審査請求をしてもいいという選択制になる、ということだよ。
春香　でも、直接裁判所に訴えることができないという点は変わらないということですか？
所長　その点は変化なしだね。審査請求前置主義は残ることになった。
春香　本当はこの点も変えたほうがよいと思いますけど…。
所長　でも、納税者にとっては一歩前進といえるのではないかな。
山川　もっといろいろと改正があるのでしょうか。

所長　主な改正点はこの資料を見てごらん。

【資料1】

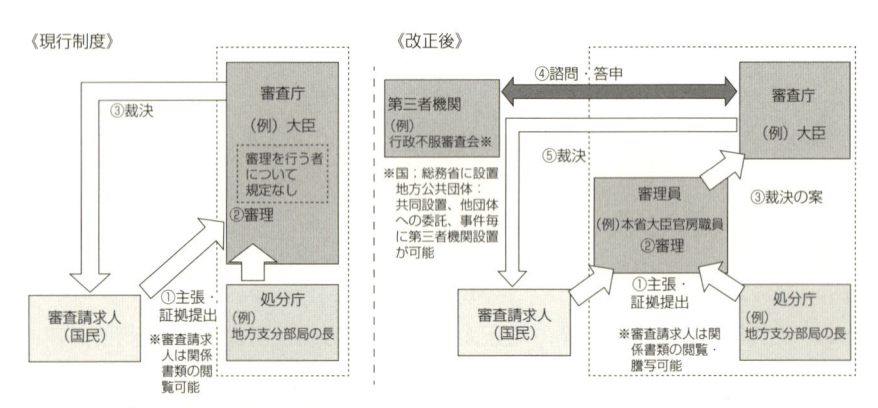

出典：総務省「行政不服審査法関連三法案の概要」(http://www.soumu.go.jp/main_content/000279329.pdf)

春香　申立期間が、課税処分があったことを知った日の翌日から3か月以内になっていますね。

山川　ほんとだ。今よりも1か月延びるんですね。これは検討や準備のために使える期間が長くなってよいかも。

春香　これは納税者にとっては利便性が増しますね。

所長　そうだね。それは今回の改正の目的の1つだよ。

山川　他にもあるんですか？

所長　審理の公正性を向上させるという目的もある。

春香　それは、具体的な審理手続の改正がなされることになりますね。

所長　そうだね。審理手続において、一部に裁判に似た手続が新しく作られるという話だよ。「口頭意見陳述」というようだ。

春香　でも、その手続自体は今の仕組みにもありませんでしたか？

所長　さすが、春香さんだね。今でも、国税通則法101条と84条1項に定められているね。

春香　では、何が変わるんでしょうか？

所長　今は単に審判官に対して納税者が直接口頭で言い分を述べることができるという制度でしかないようだけど、改正後はこの手続に処分をした税務署の職員を同席させることになるそうだよ。

山川　それで、どう変わるんですか？

所長　審判官の許可を得た上で納税者がその職員に質問をすることが認められるそうだ。

山川　ということは、実際の職員と議論ができるかもしれませんね。おもしろそう。

所長　さぁ、どうなるか。そんなことができるとよいね。

春香　ところで、所長、この資料ですと、納税者が関係書類を閲覧したり、謄写ができるようになりますね。

【資料2】

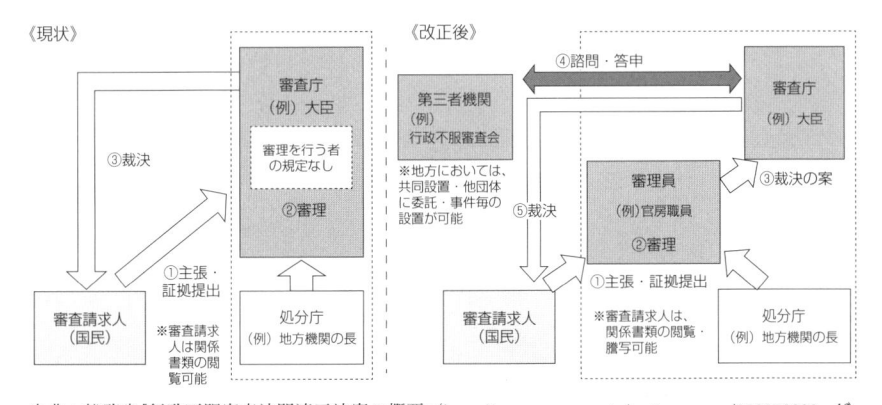

《現状》
- ①主張・証拠提出
- ②審理（審査庁（例）大臣　審理を行う者の規定なし）
- ③裁決
- 審査請求人（国民）※審査請求人は関係書類の閲覧可能
- 処分庁（例）地方機関の長

《改正後》
- 第三者機関（例）行政不服審査会　※地方においては、共同設置・他団体に委託・事件毎の設置が可能
- ④諮問・答申
- 審査庁（例）大臣
- 審理員（例）官房職員　②審理
- ①主張・証拠提出
- ③裁決の案
- ⑤裁決
- 審査請求人（国民）※審査請求人は、関係書類の閲覧・謄写可能
- 処分庁（例）地方機関の長

出典：総務省「行政不服審査法関連三法案の概要」（http://www.soumu.go.jp/main_content/000279329.pdf）

山川　えっ、今までできなかったんですか？

所長　今までは閲覧できる資料に制限があったんだよ。それから謄写は認められていなかった。

春香　納税者の手続上の権利がこれまでよりも保障される感じがしますね。

所長　そうだろう。こういうことを通して審理を公正にしようとしているわけだよ。

春香　なるほど。

山川　でも、国税不服審判所って、たしか審判官を民間登用したりして、審理の公正さを高めたりしていましたよね。

所長　山川君もきちんと勉強しているね。

春香　それでも、まだ問題があったわけですか。

所長　別の問題があるんだよ。

山川　どういうことですか？

所長　現在の行政不服審査法では、処分をした行政庁（処分庁）に上級行政庁があるかないかという、処分を受けた者（被処分者）にとってはどうしようもない事情によって、不服審査手続が変わるだろう。

山川　？？

春香　たしか、上級行政庁があるときには審査請求ができて、ない場合には異議申立てをすることになっていましたよね（行政不服審査法5条・6条）。

山川　そうなんだ。…それが何か違いを生むんですか？

所長　一般には、申立てをする被処分者の手続的権利について、異議申立てのほうが弱いといわれてきたんだよ。

春香　そうすると、その差については問題だと考えられますね。

所長　以前からその問題が指摘されてきたんだよ。

山川　だから、今回の改正ですか。

所長　そうなんだ。最初にいった、審査請求への一本化がこれなんだ。

春香　なるほど、国民にとって手続がわかりやすくなりますし、審理が公正になりそうですね。

山川　でも、国税はそういう差がなかったじゃないですか。異議申立ても審査請求もしていましたし。

春香　でも、国民のために、国税も審査請求に一本化したわけですね。

所長　そうだね。

山川　これで、国税の不服申立制度は完全に一般的な不服申立手続と同じ

になったわけですね。
所長　いや、そうばかりではないんだ。国税の不服申立てには盛り込まれなかった制度もあるからね。
春香　どんな制度ですか？
所長　審査請求の審理が終了した後、裁決をする前に、国の行政庁による処分の場合には行政不服審査会、地方公共団体の行政庁による処分の場合にはそれに代わる機関に対し諮問しなければならないという仕組みが採用されたんだ。
山川　それはよいですね。審査内容を外部チェックすると公正な感じがしますね。
春香　でも、国税に関しては導入されていないんですよね。
山川　そうだった！　なぜなんでしょうね。
所長　おそらく、国税不服審判所自体が第三者的な立場で審査をする機関

　　　　だから、第三者諮問機関は不要ということだと思うよ。
春香　でも、民間からの任用があるとはいえ、国税の職員からも審判官になったりしているじゃないですか。
所長　そうだね。やはり、その点での問題は残るだろう。審判官の人事の独立性を確保する必要は引き続きあるといえそうだ。
春香　そうですね。
所長　今回の改正で、国民にとっての利便性と審理の公正性の向上が図られている。ということは、我々の活用の機会も増えるかもしれない。今まで以上に、日々の実務だけでなく、理論的な勉強をして、納税者の信頼にこたえるためにも、納税義務の適正な実現のためにも、専門家としての努力を続けていこう。
春香・山川　はい!!

■監修

三木 義一（みき よしかず）

昭和48年　中央大学法学部卒業

昭和50年　一橋大学大学院法学研究科修士課程修了

日本大学、静岡大学、立命館大学を経て、現在、青山学院大学法学部長（弁護士）。

■執筆

奥谷 健（おくや たけし）

平成12年　立命館大学大学院法学研究科博士前期課程修了

平成13年　島根大学法文学部講師

平成15年　島根大学法文学部助教授（平成19年より准教授）

平成23年　広島修道大学法学部准教授

平成26年　広島修道大学法学部教授　　現在に至る。

税務争訟フォローアップ！ 税理士・春香の事件簿

2015年6月25日　発行

監修者	三木 義一
著 者	奥谷 健 ⓒ
発行者	小泉 定裕
発行所	株式会社 清文社

東京都千代田区内神田1-6-6（MIFビル）
〒101-0047　電話 03(6273)7946　FAX 03(3518)0299
大阪市北区天神橋2丁目北2-6（大和南森町ビル）
〒530-0041　電話 06(6135)4050　FAX 06(6135)4059
URL http://www.skattsei.co.jp/

印刷：亜細亜印刷(株)

■著作権法により無断複写複製は禁止されています。落丁本・乱丁本はお取り替えします。
■本書の内容に関するお問い合わせは編集部までFAX（03-3518-8864）でお願いします。

ISBN978-4-433-53005-1